受験天才列伝——日本の受験はどこから来てどこへ行くのか

じゅそうけん

星海社

322
SEIKAISHA SHINSHO

はじめに

みなさんこんにちは、じゅそうけんです。

とは言ったものの、私の努力不足でまだまだ知名度が足らず、ご存じない方も多いと思いますので、まずはじめに簡単に自己紹介させていただきます。

私はXをはじめとするSNSで**「じゅそうけん（受験総合研究所）」**と名乗って活動している、伊《い》藤《とう》滉《こう》一郎《いちろう》と申します。**「受験・教育情報×エンターテインメント」**をモットーに活動しており、毎日欠かさず受験情報を発信しています。教育業界の正統派の方々とは少し毛色が違っており、**学歴系インフルエンサー**と呼ばれることも多いです。

扱う領域としては、小学校受験から大学受験まで、さらに最近は就職活動や海外大受験にまで触手を伸ばし始めています。**選抜制度がとにかく好き**なんですね。

じゅそうけんのX（@jyusouken_jp）へのリンク

4年以上にわたり、毎日欠かさず受験の最新情報をポストし続けており、フォロワーは2024年10月時点で10万人に到達しています（受験系の発信メディアでは最大規模？）。受験産業が生み出したモンスター、かっこよく言うと、**「新進気鋭の受験評論家」**といったところでしょうか。

じゅそうけん誕生の経緯ですが、話は学生時代まで遡ります。

浪人時代にハマってしまった受験研究（受験勉強そっちのけで、全国の進学校の実績や特色を「研究」しておりました）の成果を大学4年の内定期間中に発信してみたところ、多くの反響がありました。

可能性を感じた私は銀行就職後もコツコツ情報発信を続け、アカウントが数万人規模になった段階で仕事をやめ、とうとう「じゅそうけん」として独立してしまいました。

オンライン塾やSNS運用の事業を行いながら、生き甲斐である受験情報発信を現在でも懲りずに継続しています。

本書をお読みいただいたみなさんには是非、各種SNSをフォローしていただけると幸いです。

さて、本書はどういった本なのかと言いますと、これまで出してきた本や記事とは一味違った内容となっています。中学受験や高校受験などの受験情報に関するものではなく、受験の歴史を振り返り、さらには受験において圧倒的な成果を残した「**受験天才**」の生態に迫っていく本です。

勘違いされている方が多いのですが、いわゆる「天才」と、今から本書で追っていく「受験天才」は似て非なるものだと考えています。

いわゆる「天才」というのは、この世にないものを新たに生み出したり、前人未到の記録を打ち立てたりしたような人のことを指すのだと思います。

「天才」として有名なのは発明家のエジソンや物理学者のアインシュタイン、実業家のスティーブ・ジョブズやビル・ゲイツといったところでしょうか。彼らの生み出した発明やサービスは世の中に多大な影響を与え、私たちの生活をより豊かなものにしてくれています。

本書で取り上げている受験天才は、**中学受験・高校受験・大学受験といった閉じられた**

ゲームの中で突出した才能を示すプレイヤーのことを指しており、必ずしも世界的な功績をあげたとは限りません。

彼らの多くはノーベル賞級の発明をしたり、画期的なビジネスを生み出したりすることもなく、平凡な医師や研究者として生涯を終えることがほとんどです（反対に世界的な実業家や研究者が「受験」において圧倒的な結果を残していたかというと、そうでないことがほとんどです。これらは全く別の能力なのです）。

そもそも、私はペーパーテストなくしては「受験天才」の存在はないと考えています。

彼らは**科挙的な「ペーパーテスト一発勝負」の世界の中で輝く**のであり、総合型選抜（旧・AO入試）のような試験の覇者を「受験天才」と呼ぶのは少し違う気がします。

昨今、日本でも一般受験を経験する人は年々減少しており、学校推薦型選抜や総合型選抜といった「年内入試」で受験を終える人が多数派となりました。このままではペーパーテスト一発型の試験は絶滅危惧種となってしまうのかもしれません。

そんな背景もあるので、ノスタルジー的な意味合いも含ませながら本書を執筆しました。

本書では、そんな**「受験天才」に徹底的にフォーカスし、彼らがいかに偉大であるのかを喧伝していきたい**と思います。

もしもこの本を手に取ったあなたが受験勉強真っ只中の受験生だったら、彼らへの憧憬の念をモチベーションに変えるのも良いかもしれません。受験天才はペーパー試験に立ち向かう者に希望を与える存在となることでしょう。

もしもこの本を手に取ったあなたが昔受験を乗り越えた経験のある社会人の方だったら、かつて経験した受験を振り返りノスタルジーに浸りながら、酒の肴にでもしていただけたら幸いです。

今回は対談企画も2つ収録しています。

東京大学《とうきょうだいがく》を卒業し、霞が関で経済産業省の官僚として働かれていた宇佐美典也《うさみのりや》さんと現役東大生で『ドラゴン桜』の監修も務める西岡壱誠《にしおかいっせい》さん、メンバー全員を旧帝大出身で固めたアイドルグループ「学歴《がくれき》の暴力《ぼうりょく》」さんとそれぞれ対談させていただきました。

普段関わることのない高学歴の方々との意見交換で、さまざまな角度から「学歴」をみることができ、大変有意義な時間でした。

本書に触れて、少しでも多くの方が受験・学歴の魅力に取り憑かれてくれたら、これに勝る喜びはありません。

それではやっていきましょう。

目次

学歴最強、だけど学歴に縛られない！現在進行形の「受験天才」アイドルはいま何を考えているか!?

特別巻頭インタビュー

「学歴の暴力」×じゅそうけん

学歴の暴力

旧帝大卒セルフプロデュースアイドルユニット。
平日は社会人、休日はアイドル。東京・名古屋を中心に活動中！

なつぴ なつ
東京大学工学部卒
サクラサクピンク担当

あろえ あろ
京都大学文学部卒
赤本レッド担当

あずき あず
名古屋大学情報文化学部卒
蛍光ペンイエロー担当

りりり かり
九州大学工学部卒
青チャートブルー担当

※ 2024 年 10 月をもって、りりり かりは卒業しました。

じゅそうけん　本日はアイドルグループ「学歴の暴力」のみなさんにインタビューをさせていただきます。受験の「これから」を振り返り、「これまで」を考える本書ですが、誰も見たことのない「受験」のリアルの現在形を体現されておられる「学歴の暴力」さんとは、一度ぜひお話を伺いたいと思っておりました。なんと今日はライブが終わった直後のタイミングにお時間をいただきまして、本当にありがとうございます。先ほどまで、私もライブを拝見し、フロアで「高学歴ビーム」を浴びました。とても楽しかったです！

学歴の暴力の一同　ありがとうございます！

じゅそうけん　「高学歴ビーム」、本当に笑いました。みなさんがステージ上から放つビームなんですが、旧帝大の「学位記」をもっているお客さんはビームを防げるんですよね。

なつぴなつ（東大）　そうなんです。いつのころからか「ビーム」を打つようになって、最初はみんな「あ～っ」って倒れてくれてたんですけど、高学歴のオタクが対抗してはね返すようになって（笑）。はじめは、そう、「卒業証書」だったんですよね。そこから、いまの「学位記」の茶番が生まれた感じですね。あ、でもなんでも代わりにしてもらっていいんですよ。

りりりかりり（九大）「なんでも」って言っちゃって、大丈夫かな……。

じゅそうけん 僕は早稲田《わせだ》大学卒なので、はね返せないですね！

旧帝大出身者で結成した最強の学歴アイドル「学歴の暴力」

じゅそうけん 学歴の暴力さんは、旧帝大出身の4名の方から成るグループです。お一人ずつ、簡単に自己紹介もいただいてよろしいでしょうか！ ご出身の大学のアピールも合わせてお願いいたします。では、なつぴ なつさん、お願いいたします！

なつぴなつ（東大） はい！ 私は、東京大学《とうきょうだいがく》工学部を出ています。私は、大学で頑張って勉強してたわけじゃないですし、全然大したことないです。にもかかわらず、東大卒っていうと「こいつすごいんじゃね」って思っていただけるので、やっぱり最強の学歴はすごいなって思います。大学のアピールか……。つくづくもっと大学で勉強しておけばよかったなと卒業してから思うんですが、それくらい学びの環境としては最高の場所だと思います。

じゅそうけん　東大ときくと、やはり「受験天才」的なエピソードを伺いたくなるんですが、受験にはどういう思い出がありましたか？

なつぴなつ（東大）　受験勉強中は『進撃の巨人』が好きだったので、巨人に追われる夢を何度も見てました。

なんでそんなにプレッシャーだったかというと、私は、やっぱりアイドルになりたくて。そのために「東大卒」を何もない自分の武器にしたいっていう志望理由があったんです。1年でも若い方がいいから絶対浪人したくなかったんですよ。しかも早稲田とか慶應《けいおう》とかの学歴の芸能人の方はすでに結構いるわけじゃないですか。それじゃ差別化にならんぞと思って何が何でも現役で東大に入らねばと自分にプレッシャーかけまくってたんです。

じゅそうけん　アイドルとして差別化を図るために東大を目指すという動機は非常に面白い。この頃から逆張りインフルエンサーの片鱗が見えますね。それでは、りりり かりさん、お願いいたします！

りりり かり（九大）　九州大学《きゅうしゅうだいがく》工学部卒のりりり かりと申します。九州で暮らしている間は「九大です」っていうと「箔がついてるぞ！」って実感があったんですけれど、東京に出てきてみると「あ、西の方のね、なんかすごい大学なの？」って言われちゃうんですよ。「お山の大将」だったんだなって、つくづく感じます。でも自分からすごいって言いたいわけでもないじゃないですか。だから「いや、あの、えっと、よくある大学です！」みたいなモゴモゴしちゃう感じです。

じゅそうけん　旧帝大の中でも名古屋大学《なごやだいがく》や九州大学といえば、突飛なことは好まない保守的な人が多く通うイメージですが、そこからも学歴アイドルが生まれたのは感慨深いですね。それでは、あずき あずさん、お願いいたします！

あずき あず（名大）　名古屋大学の情報文化学部卒のあずき あずと申します。名古屋大学も、名古屋の「お山の大将」だなっていうのは似てるんですけど、情報系の学部があったりだとか、アート系の授業があったりだとかが、もしかしたら、アピールポイントかなぁと思ってみたり。土地がすごい広いので、自然を楽しめるんですが…… とにかく普通が取り柄の大学だなと思っております！

じゅそうけん　僕はじつは愛知出身なんですよ。

なつぴなつ（東大）　あ、私も愛知出身で、南山《なんざん》高校です！

じゅそうけん　じゅそうけんの母校と南山高校、地理的にも偏差値的にも結構近いですよね。

あずきあず（名大）　もう、そういうのやめてほしいんですよ！（笑）。愛知出身の人たちが固まって愛知の高校の話をする場面、名大のキャンパスでもあるあるなんです。静岡県出身者にはついていけないよー！

あろえあろ（京大）　愛知トークが花盛りですが、私も自己紹介いかせてもらいます！　京都大《きょうとだい》学《がく》文学部出身のあろえ あろです！　私は洛南《らくなん》高校出身なんです。だから京大行くのは割と当たり前という空気感だったんですよ。

一同　すごい！

あろえあろ（京大）　だから、もう文系を選んだ時点で、高校の中ではちょっと落ちこぼれって意識があって。京大に入っても、面白い人たちが沢山いるなってぐらいだったんですけど、大学を出てから京大ですっていうと「すごい人なんだね」とか「なんでこんなところにいるの」って言われたりとか。優秀なんだろうっていう期待をされることが多くなって、それでようやく独特な評価をされる大学だったと気がつきました。

じゅそうけん　洛南から京大と歩むと、そんなにすんなりとした気持ちで大学卒業まで進めてしまうものなんですか！

あろえあろ(京大)　でも大学の友人たちみんなの自立心が強くて、やりたいことに打ち込んだり新しいことをする人が多いのは面白いなと思っていましたし、自由な学風が大学のアピールポイントだとは思ってます。

じゅそうけん　京大に進むと、やはり京大にいる間に「やりたいこと」を見つけないと、やることがなくなっちゃうって感じでしょうか。

あろえあろ(京大)　そうですね。私が演劇サークルにいたっていうのもあるんですけど、ずっと留年して演劇にのめり込み、卒業してからも演劇団体を立ち上げてバイトしながらずっと続けているという方もいましたし、そんな自由な人が多いです。

じゅそうけん　最後に、あらためて私も自己紹介します。出身は愛知です。名古屋のエリートコースを歩むかと思いきや、逆張り志向なものですから、東京の大学を受験。早稲田大学に進みました。なので、名古屋大学もそうですが、各地の旧帝大に対しては少し独特な感情を持っていたりもします。なかでも愛知はデータ的にも「一番県外に出ない都道府県」。横並び文化とかも言われますから。

あずきあず（名大）　実家から会社に通うっていう方も多いんですよね。そういう意味では保守的な選択をするひとが多い地域かもなって思います。

受験ネタで盛り上がれる場所は、案外社会にない

じゅそうけん　「学歴の暴力」のみなさんの「受験×アイドル」という活動は、受験史的にみても全く新しい活動だと思うんです。「受験×エンターテインメント」という切り口の最前線ですよね。どのようなファンの方々に支えられていると感じますか？

なつぴなつ（東大） やはり高学歴の方が、他のアイドル界隈に比べて多いかなって思います。ファンの方でも旧帝大をほぼ制覇してると思いますし、旧帝大に限らず偏差値の高い人が多いです。あるいは「なんか高学歴好き」っていう方々にも応援いただいています。

じゅそうけん 具体的にはどういったところが「推しポイント」なのでしょう。

なつぴなつ（東大） めっちゃ人によって色々だと思います。「賢い女性が好き」みたいな方も来て下さるし、学歴トークが好きな方もおられるし、なかには「こんな僕を罵ってください！」みたいなこともあるかもしれませんし。

じゅそうけん なるほどなるほど、歪《ゆが》んだほうの方もね、いらっしゃる、と。

あずきあず（名大） じゅそうけんさんのファン層の方々と被っているんでしょうか？

じゅそうけん どうなんですかね。僕をフォローしてくださってるのはシンプルに学歴マニア的な方々や情報を求めてくださってる受験生や保護者の方々が多いですね。最近ではかなり真面目な教育メディアさんからもお声がけをいただいたりしていて、ありがたいばかりです。

りりりかりり(九大) 私たちも、教育にもよろしいんだって思っていただけるように頑張ります。

なつぴなつ(東大) けど、ちょっと煽り気味でパフォーマンスすると、みなさんめっちゃ笑ってくれるからさ。

りりりかりり(九大) そう、ついつい教育によろしくない学歴パフォーマンスをやってしまうところがあります。

あずきあず(名大) 受験ネタで盛り上がれる場って、案外社会にはないんですよ。だから多少過激でも、受験ネタには社会人が内に秘めてるエネルギーを解放させる力があるんですよね。

なつぴなつ（東大）　そう、会社とかで「私〇〇卒です」って吹聴したら、絶対「ヤバいやつ認定」されるじゃないですか。大学名さえ言えない人が多いんじゃないでしょうか。

でも、私たちのステージだったら、受験の話を思いっきりできる。自分は〇〇卒で、あの子は〇〇卒でって自己顕示欲も丸出しで、思いっきり笑いあえる。

じゅそうけん　実社会では気を遣いますもんね。上司の学歴を超えちゃうんじゃないか、とか考えると、自分から自分の学歴をオープンにするメリットがないですよね。

あろえあろ（京大）　まさにその経験あります。私の上司が学歴にコンプレックスがあると自ら公言されている方だったんですよ。だから私が入社したときの「すごく優秀なはずです」という紹介の言葉に「ひええ」と思いました。

なつぴなつ（東大）　だけど私、この年齢にもなってどうかと自分でも思うんですけど、「それでも学歴を表に出したい、学歴を出すことはダサくないんだ」っていうマインドがめっちゃあるんですよ。だからほんとは内心めっちゃ学歴を言いたいんだけど、昔は抑圧されててオープンに言えなかった。

じゅそうけん　そんな抑圧された感情を、学歴の暴力さんのステージではお客さんとメンバーのみなさんが一つになって全部さらけ出せる。ある種のカミングアウトの快感ですよね。

りりりかりり(九大)　初対面のファンの方でも「僕、〇〇大で」「こんな勉強してましたよね！」みたいに話しかけてくださるのは多いかもしれないですね。

あろえあろ(京大)　共通テスト・センター試験のネタなんかは、みんなの共通体験ですし、盛り上がりますよね。頑張って勉強していた方にとっては、輝いていた瞬間だったりもするので。

じゅそうけん　そして、僕自身もいろんな学歴ファンの方とコミュニケーションを取りますが、どちらかに肩入れした意見は言わないように気を遣います。学歴系YouTuberのなかには「推薦入試は邪道だ」とか「私立文系はダメだ」とか直接的な煽り方をする方もいますけど、そういうのはあんまり言わないように、僕自身は八方美人なところもあります。

りりりかり（九大）　素晴らしい。「学歴×エンターテインメント」ならではの繊細な気遣いってありますよね。

高学歴だからといってやりたいことを制約されたくはない

じゅそうけん　このインタビューが掲載される新書では、明治時代から受験の歴史を追いかけてみたんです。明治時代には帝大に入れば、天下を取ったも同然でした。でも時代は変わって、いま学歴がどれくらいのパワーを持つのか、どんな意味を持つのか。あらためて時代の最先端からみた「高学歴」の魅力を教えていただけないでしょうか。

あろえあろ（京大）　うーん、転職や就活の書類が通りやすいということはありますし、就職の時に限らず、「一回会ってみよう」「ステージを見てみよう」と思っていただけるのはありがたいと思います。でも逆に言えばそれ以上のものは何もないんです。そこから先について「学歴」は助けにならない。だから「学歴」というフィルターなんか無い方が、バイアスなく見てもらえる。対等でフラットな目で、いまの年齢の一人の人間として見てもらえるということも貴重なことだなと思うんです。

なつぴなつ（東大）　とはいえ、私にはマジでもうこれしかない。学歴にすがりまくってます。
私はずっとアイドルになりたかった。アイドルになる上で私には多分何の能力もないけど「東大卒」という情報を出したときに、ぐぐっとインプレッションが上がるのを実感しました。別に学歴なんて大したことないって思いながらも、これしかないって意識がずっとある。だから学歴、本当にありがたいなと思っています。

あずきあず（名大）　私は、専業主婦になるのが夢だったんです。アイドルになるのもずっと憧れだったけど、アイドルになれなかったら専業主婦になりたいなって思ってたんです。だけど、学歴があるからか、その本音を言うと「いや、世のために頑張りなよ」って言われる。それがすごい嫌で。

なつぴなつ（東大）　学歴で、やりたいことを逆に制限されちゃう感覚、めっちゃあるよね。周りの目が許さない。

りりりかり（九大）　確かに「〇〇大学まで行ったのに」みたいに言われてしまうこと、あります。

じゅそうけん　学歴って「選択肢を広げる」ために身につけるはずのものなのに、結局狭められてしまう、限定されてしまうというのが皮肉な感じもします。名古屋でいえば、トヨタにいけば周囲は納得。だけど学歴は本来視野を広げるためのものですから、選択肢が狭められるのは苦しい。現代の学歴の息苦しさとも向き合っていらっしゃる。

自由か、稼ぎか⁉

じゅそうけん　「学歴の暴力」のみなさんは、旧帝大ご出身。私が揉まれた早慶文系の空気感は「コンサルや銀行や商社で稼いだ者が偉い」みたいな感じで、どこかそこへの逆張りもあって「受験天才」みたいなものの面白さに惹かれてしまうんです。年収中心の価値観みたいなものへの距離感には、私大と旧帝大とで違いがあるんでしょうか。

りりりかりり（九大）　九大から見ていると、私大は楽しそうでした。福岡の周りの私大の人とかとサークルで合同になったりすると、みんななんかおしゃれだったり、男女がきゃっきゃしてたり。

じゅそうけん　東京でいうと青山学院大学《あおやまがくいんだいがく》や慶應大みたいな雰囲気でしょうか。地方私大は、早稲田のあのギラギラした感じというよりは、キラキラなんでしょうか。

あずきあず（名大）　ですね、実は私も、東京の私大にはそんなに激しいマウンティング文化があるんだと驚きながらじゅそうけんさんのお話を伺っていました。名古屋の場合は、大体みんな同じようなところに就職するからマウントできないいんだと思うんですよね。

りりりかり（九大）　そう、地方だと私大かどうかにかかわらず、先輩の進路が基本的な選択肢になるんです。私は建築系だったんですけど、そうすると行政かインフラかゼネコンだよねみたいな空気の中で、自分はどれにする、みたいなあり方でしたね。

じゅそうけん　私の知り合いの東北大《とうほくだい》とか九大の優秀な方々も、県庁や地元の電力会社という進路が主で、商社とか外資のコンサルでバリバリやるみたいなタイプは全然いなかった。マウンティング文化がやはり東京でだけ激しい印象なのは興味深いですし、文系と理系の違いもありそうです。京大はいかがでしたか？

あろえあろ（京大）　京大の場合は、私のまわりだけかもしれないですけど、互いの進路にあまり興味がなくて。市の公務員とか教員になるっていう人もいれば、広告代理店とかいったところに行く人もいるし、みんながやりたいところに行くって感じでしたね。あと、理系の人たちは研究室とコネクションがあるところに進む人が多いので、就活をめちゃめちゃ頑張るというよりは、自分が行きたいなと思っているところに向けてゆるっと頑張る感じだった。ひとはひと、自分は自分みたいな感じ。

なつぴなつ（東大）そう、私は、じゅそうけんさんのおっしゃる早稲田の空気感、わかります。東大でも「あの子、〇〇に行ったらしいよ」みたいな意地の張り合いはありました。
京大のように「多様性」や「自分のやりたいことへの自由」を求める強い意志の人は、かえって東大に行かないということかもしれません。そもそも受験勉強しかやりたいことがないから受験頑張っちゃう。そのマインドが就職の時にも見える感じ。とりあえず、一番いいところに行けば良いということで、東大に入り、コンサルに入り、先延ばしに先延ばしが続いていく。就職も、とりあえず行くとこないけど、できるだけいいとこに行っとくかみたいな。だからこそマウンティング文化になる。

りりりかり（九大）シンプルに勉強を頑張って目指していく場所が東大っていうイメージもあ

るけどなあ。勉強を頑張る目標としては今も昔もやっぱり東大っていうのはあるんじゃない？

じゅそうけん　そうですよね、たとえば本当に研究者になりたいっていう進路の選び方で東大を目指すのはいいなと思うんですが。

なつぴなつ（東大）　体感的には、研究者志望もめっちゃ減ってますね。みんなまず待遇をみて、お金をもらえる方に行っちゃう。世間体的に「外資に行った方がかっけえだろ」みたいな感じもある。多分、私の学科から博士まで行った人はもう片手に収まるんじゃないかな。

じゅそうけん　景気の動向もあるとは思いますが、東大の研究力が弱っているといわれる背景にはそういう状況が体感としてあるんですね。それに霞が関に進む方も減っている。

なつぴなつ（東大）　文一の足切りが消える。それも嫌すぎる！

地方から東大に進む人が減っている⁉

じゅそうけん　昔は、特に女性の方の場合ですが、両親があんまり家から出したくないからといって、どんなに優秀でも東大じゃなくてその地方の旧帝大に進ませる風潮が結構あった。

地方の「秀才」や「神童」みたいな人、つまり「受験天才」になり得た人たちが、東大や京大を目指さずにあえてその地方の旧帝大に行くような傾向。それが現在どうなっているのか。女性の社会進出が進んだり、地方から東京に流出する人口が増えて、地方から東大に進む方が増えたかというと、実はそうではないんです。

東京一極集中というくらい、地方の人を東京が吸い上げているにもかかわらず、東京のコア部分は東京出身者で固められてしまっているという興味深い状況なんです。

なつぴなつ(東大)　たしかに名古屋でも、私の学年世代で東海圏一番だってくらいに頭よかった子が名大に行きました。

じゅそうけん　やはりそうなんですね。データでもそうなんですよ。かつては地方の公立高校から東大に進学する方が一定数いたのが、最近東京の名門中高一貫校から東大に進む人の割合が増えて、もう7割ぐらいになっちゃっている。

なつぴなつ（東大）　教育格差の世代継承みたいなことが、あまりにも東京中心に進んで、地方からの一発逆転が減っちゃってる。

じゅそうけん　地方の公立校などから一生懸命勉強して東大に入る層が減ってて、「鉄緑会」のような予備校でガチガチに受験テクニックを6年間かけて詰め込んできたような層がマジョリティーになってしまっている。上位の医学部などでもそうですね。

あろえあろ（京大）　京都の場合はどうだろう。中高によって色があって、東京に行きやすい中高と、京都で上を目指す中高が二分されてきている感覚はありましたよね。東大目指すのと、京大とか医学部を目指すのと、中学受験の段階で選ぶべき学校が違うって言われてます。

あずきあず（名大）　やっぱり京都くらい都会だとそういうことがあるんですね。私の周囲の場合はそこまではっきり学校で分かれていなくて、学力と自分が目指したい専攻によって大学を決めるみたいな、そんな感じ。なんかすごい驚き。

じゅそうけん　やはり「地方」とはくくれないくらい都市や地域によって事情は様々。みなさんのリアルな感覚を伺えて、学歴研究家として本当に興味深いです。

もしも母親になったなら子の教育、どうする？

りりりかり（九大）　とはいえやっぱり関東で就職をしてから、会社でママさん世代の話を聞くと、受験とか教育に対する熱をすごい感じます。小学校から選ぶんだ、みたいな。もう小学校5、6年生とかなったら普通にみんな塾に入れるんだ、みたいな。なんかやっぱ地方と感覚が違う。

なつぴなつ(東大) 生まれた病院から人生が決まってるなんていわれたりする。

りりりかり(九大) 幼稚園の時点で「あの文字が書ける、書けない」とかの差が問われちゃうの。

なつぴなつ(東大) こわーい。地方とは全然違う。

じゅそうけん 中学受験の本とかを私もこの間出したりしているんですけど、それもかなり衝撃を受けながら書きました。

僕も地方で高校受験で高校入って大学受験で東京に来たんですけど、やっぱり首都圏の教育熱みたいなものに圧倒されている部分があるんですよ。でも、僕のフォロワーの方の多分3割ぐらいは首都圏の教育熱心な親御さんなんですよ。ほんとに情報収集に積極的な層の方々。

なつぴなつ（東大）　すごい、じゅそうけんさんが情報戦の最前線！

じゅそうけん　いやもう畏れ多いですが、みなさん的にはどうですか。各地から東京に出てこられたわけじゃないですか。地方から東京に集まってきて、かりにこれからもし結婚されて子育てされるってなった時に、受験教育熱の渦に入っていくのか。それとも地方にいたころの価値観のまま、子供は別にのびのび遊ばせて大丈夫って言い切るか。受験に備えて「教育ママ」としてやっていこうみたいな考え方についてはどうでしょう。

なつぴなつ（東大）　嫌かもしれない……。

あろえあろ（京大）　でも世間で「親ガチャ」みたいに言われるのを見ると、うちの親失敗だって言われたりしたらもう辛いなって……だから「熱心」というより「強迫観念」の方が強いかもしれない。

なつぴなつ（東大）　そうそう、確かに東京住んでたら、それから私、逃れられない。だから結構逃げたい気持ち。

りりりかり（九大）　さっきの「〇〇大学行ったのに何々の仕事してるの」みたいなのと「子供をどこどこに行かせなくていいの」みたいなのは、おんなじ。あの謎の社会の目を感じるのが、一生終わらない。

あずきあず（名大）　そう、なんか私は、私立の中高一貫とかに行くと、すでに選別された人たちと過ごすことになって視野がある意味狭まりそうだなと思って、公立に行ってほしいって思っちゃうんですよ。私がその道を通ってきたからかもしれないですけど、トップの層の方としか関わらないと、自分の価値観がすごく固定されちゃって、その価値観から抜けられない子供になるって私は思ってて。だからその戦争からはちょっと「スッ」って抜けたいですね。

なつぴなつ（東大）　マウント合戦からも子供を抜け出させてあげたい。でも、東京で公立とかに入ったときに、将来そういうガチガチのトップ層と関わった時に無駄な劣等感とか覚えちゃうっていうのは、それも嫌かも。

あろえあろ（京大） そう、結局なんか自分と同じようにさせちゃう、なんか他の想像力が働きにくくなっちゃう。

なつぴなつ（東大） 確かに私もわかんないもんな、自分の道以外。

じゅそうけん 世の中では、めちゃめちゃ過熱しているんですよね。受験率はどんどん上がってるし、いま少子化なんで二人三人に分配してた教育費が一人に集中投下されるから最近はもう中学受験どころか小学校受験も過熱してます。

一同 あーもう、こわい！

じゅそうけん 最近は中学受験するなら小3からSAPIXみたいな感じ。

あろえあろ（京大）　私は小6で塾に入って「なんか好きなとこにしな」って親に言われて……あ、でも「お金がかかるから同志社《どうししゃ》と立命館《りつめいかん》以外だったら好きなとこ選んでいいよ」って言われたんでした（笑）。自分が親になったらってことを、そのことを思い出しながら考えていました。

なつぴなつ（東大）　あー私は小4から塾だった。もうちっちゃい時からさ、「あなたは南山女子に行くのよ」なんて言い聞かされちゃったりして。制服もかわいいでしょなんて話を結構されてた。

あろえあろ（京大）　教育ママだ！

なつぴなつ（東大）　本当になんでだろうね。なんでだろう。でも、勉強をやってみたら、意外な才能を発揮して、意外と頭がよかったもんだからなあ。とはいえ、母親には無意識に結構影響されてるのかもね。

あずきあず（名大）　だけど、名古屋は女子大に行く率も高いし、幼稚園から女子大の幼稚園に入れて、そのままストレートで大学まで行ってっていうコースもあるから。結構男性にもその価値観のひとが多いから、そういう人と結婚すると、多分女の子が生まれたらそれにいかせなきゃいけないいんだろうなって思う。

りりりかりり（九大）　怖い怖い。のびのびと育ってくれ。

なつぴなつ（東大）　いやー、このテーマ、思わず盛り上がってしまった！

なつぴ　なつは「医学部離れトレンド」を先取りしていた!?

じゅそうけん　もう一つ、これまた受験マニアの間で話題のトピックですが、これまで医学部に行っていたような上位層が医学部離れしている。「東大を目指せるけど、それこそ名大の医学部とか東京《とうきょう》科《か》学大学《がくだいがく》（旧・東京《とうきょう》医《い》科《か》歯《し》科《か》大学《だいがく》）とかに行く」という層のあいだで、東大シフトが起こっている。難易度を見ても、昔は千葉大《ちばだい》の医学部とかのほうが東大理一より上だったんですけど、最近逆転して理一のほうが難化している。みなさんの受験期は、まだそのトレンドの前の時期だったかもしれないんですが。

なつぴなつ（東大） 多分そうですね。そもそもうちの学校がめっちゃ医者の娘が多いんで、医学部信仰が強かったのもあるけど、やっぱり頭がいい子は名大の医学部に進んでいた気がしますよね。医学部行きたかったけど成績が落ちたから理一理二に来たみたいに平気で言ってる人は、まだ結構いたかもしれないです。

じゅそうけん はい、そして、その後急激にシフトが起きたんです。「東大王」などの影響なのかなと思ったりとか、正確な原因はわからないのですが、大学の「ブランド」みたいなのが以前より強化されているのかもしれない。

この話題は、実は特に名古屋から理系東大に進んだなつぴ なつさんにぜひお伺いしてみたかったんです。ご自身が、医学部じゃなくてあえて東大に行ったのはどうしてでしょう？ やっぱり東京に出てみたかったのでしょうか。

なつぴなつ（東大）　東京に行きたかったのもあるし、やっぱ私は大学名ですよね。やっぱ私はアイドルになりたくて、一番インパクトがあるのはなんだろうって思ったら、やっぱ名大医学部より東大の方が伝わりやすいと思って。

じゅそうけん　今、みんながやり始めてることを、先取りしていたのかもしれないですよ。リーマンショックのあとしばらくは、医学部とか公務員とかに人気があったんですけど、最近は景気も回復傾向だから外資とかの人気が過熱している。それこそインフルエンサーみたいな生き方もできるから。だから東大ブランドを取りに行くっていうトレンドのほうが強くなっているということかもしれない。

なつぴなつ（東大）　そう、全然医者並みに稼げちゃう。そういうのはあるかもしれないですね、なるほど。

じゅそうけん　最近は、大学ブランド志向としての東大志望が、かつてなく激しい雰囲気になってる可能性がありますよね。

ペーパーテストVS総合型入試⁉

じゅそうけん　ちょっとマニアックなトレンドの話ばかりしてしまったので、そろそろ話題の核心にいこうかと思います！
日本人には「ペーパーテスト信仰」みたいなものがありますよね、なんだかんだいって、ペーパーテストが大好き。みなさんもペーパーテストで合格されたと思うのですが、ペーパーテストへの想いをお聞かせいただきたいんです。

なつぴなつ（東大）私は、推薦とかの情報戦めっちゃ苦手。やっぱ紙とペン一本でいけるっていうシンプルさは好きかもしれない。

あずきあず（名大）正解があることが何よりもありがたいですね。面接とか推薦とかだと、正解が見当たらないじゃないですか。それを模索するよりも「正解」にたどり着けばいいんだって思えるところ。ご機嫌取りみたいなのが苦手なんです。

なつぴなつ（東大）　ご機嫌取り、無理無理、にがて！（笑）

りりりかり（九大）　結果もわかりやすいしね。落ちても「点数が届かなかった」ってだけ。就活とかだと落ちた理由がわからないのが嫌いだったの。

あずきあず（名大）　結果の理由がわからないと傷つくもんね。ペーパーテストの方が人格を否定されてない感じがする。

じゅそうけん　最近は、受験が就活化してきていて、総合型選抜、ＡＯ入試の割合とかめっちゃ高くなってるんですよ。東大にも推薦ができて、名大でも学校推薦型選抜を増やしていこうと。東北大学は、入試の一般選抜の全てを総合型選抜にしていきたいと総長が発言するほど熱心ですね。こういった流れについてどう思われますか。これからどんどんその傾向が強くなると思うんですよね。

なつぴなつ（東大）　なぜ、なぜ!?

じゅそうけん　アメリカがそういうスタイルだからというのもありますよね。多面的な力を見る方向にしていきたいという方針。

あずきあず（名大）　自分の学部は大体半分くらいが推薦で来てる人だったんですよ。推薦で来た人たちって尖ってて、意欲もあるし、自分が何をしたいからここにいるんだっていう目的意識がある人が多くて。急にインドに行くと言って、ホームステイ先を自分で見つけるバイタリティのある方がいて、その人も推薦入学でした。意欲重視の入試制度なら推薦っていうのはありなのかなって私は思っちゃうかも。

なつぴなつ（東大）　やりたいことがあるひとが受験して、ちゃんと評価をされてっていうのはいいよね。すごい。でも、ただ優秀な学歴を得たいっていう動機の人が推薦で入る仕組みは嫌かもしれないです。めっちゃ。

じゅそうけん　似たような話題に「女子枠」というのも持ち上がっていますよね。最近だと京大や東京科学大学（旧：東京工業大学《とうきょうこうぎょうだいがく》）が導入し始めてるんですよ。女子がちょっと有利になるような枠なのですが、それもやっぱり女性として反対ですか。

なつぴなつ（東大）私、めっちゃSNSで叩いちゃったことある。私の場合はマジで理系しかできなくて、理系のペーパーができるっていうことだけでここまで来たから、後々から「どうせ女子枠だから理系の勉強も大してできないのにいるんだろう」って思われるのは単純に嫌です。そうなったら、ほんとに理系が好きで得意な女の子にとっては可哀想だなって思う。

あろえあろ（京大）ちょっとまた高校の話になるんですけど、男4女1の比率だったんですよ。でも、文理選択をすると、なぜか文系は男女が1対1になって、つまり残りの少数の女子しか理系に行かないんですよね。

もし「理系に行くと女の子が少ない」とか、「女子は理系に行きにくい」っていう理由で文系を選んでいるのであれば「女子枠」には、女の子が絶対いる安心感にもなるし、入りやすい空気感づくりとしては意味があるのかなって思ってはいます。

ただ実態として文系にいる女の子は、文系の勉強をしたいっていう人だったり、理数が苦手だという人がほとんどでした。私自身も文学をやりたかった。だから正直、女子枠を導入しても、そこまで効果があるのかなとは思ってます。

じゅそうけん　みなさんのお話、よくわかります。なかなか総合型入試批判を真っ向からするばかりですと公平な見方ではなくなってしまうのですが、ペーパーテストの良さが見過ごされてしまうのはいけないとは思うんです。なにより「受験天才」というロマンはペーパーテストからしか生まれませんのでね（笑）

「学歴の暴力」は受験史の最先端で何を見るのか⁉

じゅそうけん　最後にこれからの活動を通じて、どのようなことを目指していきたいか、あるいは受験についてのイメージをどう変えていきたいか、メッセージをいただけないでしょうか。

あろえあろ（京大）　学歴や受験界を盛り上げよう的な観点からすると、ちょっと逆説的なことを言うんですけど、「どんな学歴があっても何をしてもいいよ」っていうのを伝えていきたいかなと思っています。アイドルって、学歴を伏せていた方がプラスになるところもあると思うんですよ。可愛くて若い女の子っていうふりをしてた方が。でもあえて「弱点」をさらけ出してる。女子にとって、学歴ってバイアスを通して見られたり、マイナスイメージまで持たれたりすることもある。だけど、なんかそれでも好きなことをしていいよっていう感じになったらいい。

なつぴなつ（東大）　それ、それです！　私もほんとうに学歴が大好きだし、語れるのは嬉しいんだけど、高学歴だからこそ動きづらいっていうのはめっちゃ嫌だなって。ちょっとでも世間のレールに縛られず活動したいし、好きなことをするための目線をいつも広げていきたいと、ずっと思ってますね。

じゅそうけん　最近は、「学歴」や「受験」をエンタメ化する新しい動きも顕著です。学歴をテーマにするYouTubeチャンネルもどんどん生まれています。追い風といってよいのでしょうか。

なつぴなつ（東大）　そこも含めて、楽しめる人たちだけで楽しむ輪が広がるのはいいですよね。だけど、学歴を「楽しみたくない人たち」まで巻き込んじゃうのは、正直あんまり好きじゃないんです。私もＳＮＳでめっちゃ学歴の話をしてるけど、そこが難しいですよね。うまく棲み分けて、学歴トークが好きな人たちとだけ話してたいのが本音ですよね。

あずきあず（名大）　学歴について語れば語るほど学歴社会をより強化しちゃう感じもしますよね。私自身、もっとやりたいことベースでの大学進学の方が良かったなって今更後悔してるところもあるから、学歴を語ることで学歴の表面しか見ない進路選びみたいなものを助長したら嫌だなと思っちゃったり。

あろえあろ（京大）　そこも含めて、楽しみたいひとたち、楽しめるひとたちだけが楽しむべきコンテンツです、「学歴」。

りりりかりり（九大）　学歴トークで人を傷つけるべきではないんですよね。「私、スポーツできるんだよ」とか「なんか黒帯持ってるんだよね」っていうのなら波風立たないけど、なんでこんなに学歴は語りにくいんだろうって思うこと、ありますよね。学力も数ある能力の一つであって、スポーツができるのとペーパーテストができるのがもっと同列に語られるようになったらいいんですけど。

あろえあろ（京大）　QuizKnockさんの活動は、そういう感覚なのかも。学歴を押し出しているというより「普通にクイズが強いです」という見せ方。東大生だけでなく、他大学でもクイズが強い人が活躍しています。「クイズが強いのかっこいいな」から「東大かっこいいな、東大行ってみたいな」って憧れる人が出るっていうのは自然でスマートな流れだと思う。私もそんな感じになれたらいいかなっていうのはちょっと思ってます。普通にアイドルとして活動してて、過去の肩書きとして京大という学歴はくっついてるだけみたいな。

あずきあず（名大）　勉強って、どんな格好でやってもいいじゃないですか。うん。なんか運動しながら勉強したりだとか、階段とか上りながらやってみたりとか。私はそういう感じで勉強してきたので。机に縛られずに勉強し、生きてきたかなって思うし、勉強も生き方も、もう少し自由でいいんだよなって思います。

じゅそうけん　「受験天才」って、ずっと勉強をしてる人って感じですけど、実はだからこそ机に縛られていない人のことなのかもしれないですね。本日は貴重で、思いがけずすごく深いお話まで伺えてしまいました。ありがとうございました！

学歴の暴力の一同　ありがとうございました！

日本初の受験天才は誰なのか（戦前の受験天才）

第一章

ペーパーテストにめっぽう強い受験天才たちはもちろん昔から存在します。
受験天才たちは、その持ち前の頭脳で国を発展へと導き、
時に間違った方向へと扇動してきました。
第一章では「受験」の歴史を振り返りながら、
受験天才たちの消息を戦前から追っていきたいと思います。

受験の起源（科挙との関連）

私たち日本人は**ペーパーテスト**が大好きです。

ペーパーテスト一発勝負こそ公正で唯一正しい入試方式だと信じて疑わず、近年存在感を増している総合型選抜（旧・AO入試）や学校推薦型選抜（指定校推薦）は「邪道」であると考えている日本人は非常に多いはずです。

Xで私が最近の大学の推薦入試の状況（最近急激に増加している）をポストすると、浪人生や受験を引きずっているおじさんたちから「けしからん！」とたくさんの情熱的なコメントがつきます。正直ちょっと怖いくらいです。

こうした彼らの拒絶反応からもわかるように、「5教科7科目をしっかり勉強するのは受験生の義務だ」と本気で考えている日本人は非常に多いのです。

課外活動や面接を重視する欧米の大学とは異なり、日本の大学は伝統的にペーパーテスト一発試験を重視してきました。東大をはじめとする難関大に合格するため、1日何時間も机に齧り付いてガリ勉するスタイルが日本の受験では当たり前です。

しかし、世界的に見たらこれは割と異様な話です。アメリカやイギリスの難関大学では、確かにそれなりの学力は求められますが、それはあくまで必要な一要素に過ぎず、課外活動やボランティア、クラブ活動などの実績やリーダーシップもよく見られます。

欧米の人たちからしたら、東アジアの人たちが小学生のうちから塾に通い詰め、偏差値を1でも高めるために狂奔している今の状況は滑稽に映っていることでしょう。


それでは、この日本人（東アジア人）の「ペーパーテストしか勝たん！」という思い込みの起源はどこにあるのでしょうか？

まず初めに、日本人が支配されている「ペーパーテスト信仰」の原点に迫っていきたいと思います。

ペーパーテスト信仰の歴史を辿ると、やはりお隣の中国の「**科挙**」システムの影響を色濃く受けていることがわかってきます。

科挙制度とは、前近代の中国社会が持っていた官僚育成のための選抜試験であり、優秀な国家官僚の登用のために開発されました。

隋時代の598年に文帝《ぶんてい》によって初めて導入され、清時代の1905年に廃止されるまで1300年以上にわたって続きました。閉じられた世界での選抜ではなく、広く門戸を開き優秀な人間を選抜することが目的でした。

科挙制度は家柄や出自に関係なく、ペーパーテストで点を取りさえすれば高級官僚への道が開けるという非常に画期的なシステムであり、世界的な評価も高いです。

ヨーロッパなどでは18世紀頃まで高官は貴族の世襲が当たり前でしたので、6世紀の隋の時代にこうした万人に開けた制度を確立していたのは驚嘆に値します。

科挙は今の受験などとは比べ物にならないほど熾烈であり、倍率は4000倍に及んでいたといいます。

まず「**童試**」という入試に合格することで国立学校への受験許可をもらい、その後いくつも本試験を受けるための予備試験を受験する必要があります。

しかも**受験は3年に1度で、落ちたら最初からやり直しというリセット機能**が搭載された鬼畜仕様でした。

そんな地獄のような予備試験を突破してようやく本試験。**本試験では2泊3日試験用個室に閉じ込められ、極限状態で受験を戦うことを強いられます**。中にはカンニングをする者もいましたが、発覚したら厳しい罰を処され、一族郎党皆殺しとなることも珍しくなかったようです。

最終試験合格者の年齢は30代後半がボリュームゾーンで、子供時代から数十年を受験に捧げてやっと合格を勝ち取った人が多数派でした。もちろんその年で合格できない人は50歳、60歳になっても受験を続けていたといいます。

終わりの見えない受験スパイラルの中、発狂や自殺をする受験生は後をたたず、死ぬまで受験を続け浪人を重ねたまま寿命を迎えた人もいたようです（私はこの死に方を勝手に「**浪死**」と呼んでいます）。

この人生を賭けた点取りゲームの勝者である高級官僚の地位や権力は絶大なものでした。当時の中国の官僚は集めた税金の一部を皇帝に上納し、残りは私財にしても良いことになっていました。つまり、ペーパーテストを極めた彼らは莫大な富を得ていたのです。

科挙に合格した官僚たちは、現在の日本の金銭価値に換算して最低でも100億円以上の蓄財があったという話もあり、一度官僚になると家が三代まで栄えると言われていました。

当然ですが、今の日本で東大理三や京大医学部に受かったとしても、必ずしも高給取りになれるとは限りません。実際、国家試験まで辿り着けなかったり、医師の仕事が務まらず、塾の講師などをしながら細々と生活している東大京大医学部卒はたくさんいます。無事医者になったとしても、勤務医として働く場合の年収はせいぜい1000〜2000万円程度で、成功した経営者やプロスポーツ選手の足元にも及びません。

今の日本では、受験学力で頂点を極めれば必ず大金を獲得することができるという単純明快な構造にはなっていないわけです。

しかし、当時の中国ではひとたび科挙に受かってしまえば、生まれにかかわらずこうした大富豪への道が誰にでも開かれていたことになります。勉強の出来と大量の金銭が直結していたわけですから、国民がこぞって受験に人生を賭けたのも頷けるでしょう。

ちなみに私は、**「日本初の受験天才」は阿倍仲麻呂《あべのなかまろ》**なのではないかと考えています。

阿倍仲麻呂は奈良時代の遣唐使として歴史の教科書に登場し、中国では「日中友好に最も貢献した人物」として知られているようです。

日本史の教科書や百人一首でお馴染みの阿倍仲麻呂ですが、実は外国人（日本人）ながら若くして科挙試験に合格している「受験天才」なのです。

幼少期から抜群に頭が良く、10代半ばで従八位を受けるほどだったとか。19歳のときに遣唐使として唐に渡り、太学と呼ばれる最高学府で学んだ後、科挙試験を受験します。科挙試験の中でも超難関と言われる進士科（合格者の平均年齢は50歳とも）を受験し、なんと20代半ばで合格してしまいます。

玄宗《げんそう》は彼の才能に惚れ込み、日本への帰国を許さないほど重用し、詩人の李白《りはく》なども彼には一目置いていたといいます。

話を戻しましょう。ただ、科挙制度には弊害もありました。

科挙制度の確立により、中国は世界随一の教育国家となりました。これはとても良いことです。

ですが、科挙に合格さえしてしまえば誰でも人生逆転できるということで、当時の中国教育は科挙合格のためのものになり、試験科目である儒学以外の学問が軽視されるようになってしまったのです。**本来国を良くするための選抜制度であったはずが、「科挙合格」が自己目的化してしまうという皮肉な結果**を招きました。

6世紀に誕生したときには世界でも類を見ないほど画期的だった科挙制度ですが、20世紀に入り欧米が近代化していく中で、少しずつ時代遅れなものだとみなされるようになります。

アヘン戦争や日清戦争での敗北を経験した中国は、古い体制を打ち破る必要性に迫られます。

そして1905年、とうとう西太后《せいたいこう》によって約1300年の歴史に幕が閉じられることになります。

良い面も悪い面もあった科挙制度。最終的には廃止されてしまいましたが、1300年以上も続いたシステムだと考えると、合理的でうまく機能していた面もあったのだと思います。

何はともあれ、こちらのシステムの影響が、今の日本の大学入試や公務員試験などに色濃く残っているわけです。

日本型受験の起源と歴史

それではお次は日本の受験の歴史に目を向けてみましょう。

日本には江戸時代まで科挙のような全国統一的な官僚登用制度のようなものはなく、**地方の各藩において設置された私塾**で独自の教育、選抜が行われていました。

実は日本でも、平安時代に科挙の考え方が導入されており、**課試**と呼ばれる試験が行われるようになっています。高位の貴族の師弟に自動的に官位を与える「**蔭位の制**」と呼ばれる世襲制度が設けられていたため、受験者の大半は下級貴族だったようです。

試験に合格した下級貴族が中級貴族に進む程度の変化しかなく、中国の科挙のような「一発逆転」は起こり得なかったようです。こちらは律令制の崩壊とともに廃れ、院政期から官職の世襲化が本格的に進み、基本的にはそのまま江戸時代まで続きます。

しかし明治時代に入ると、科挙を原型とした**高等文官試験**が実施されるようになります。それに伴い、各種教育機関の選抜装置としての「**受験**」が姿を現すようになったのです。

開国したばかりの日本は西洋の列強国との競争に打ち勝っていくため、統一的な近代化政策を教育にも持ち込む必要に迫られました。

そこで日本は西洋のスタイルに倣って大学、高等学校、中等学校、小学校と低年齢層ほど裾野が広くなっていく形を採用し、小中学校に通うことは国民の義務だとしました。

今日の日本の学生制度の起源は、明治政府の富国強兵政策に基づくエリート養成機関に遡ることができるのです。

ここで初めて**上位の教育機関の選抜装置としての「受験」が生まれた**のです。

こうして明治時代に家柄や階級に関係なく、皆が平等な基準で選抜される「**公正で唯一正しい入試方式**」が日本でも誕生したのです。

家柄や階級というものに縛られていた江戸時代とは打って変わり、上を目指すチャンスが万人に開かれたことは多くの日本人に希望と野心を与えました。

ここで日本においても「ペーパーテストで点を取る」ことが人生逆転のための強力な手段となり、現在に至るまで100年以上にわたってこの絶対的な選抜方法が支持されていくことになります。

戦前の受験事情

本章から時系列上にいろいろな時代の受験事情を見ていきたいと思います。まずは戦前(1900年頃〜)から。

戦前は大学進学率こそ数%にとどまっていたものの、大学を目指すアッパー層に限定して見てみると、**現代以上の学歴社会だった**と言っても過言ではありませんでした。

戦前の義務教育は尋常小学校の6年間で、彼らは卒業すると**高等小学校**(**2年制**)、**旧制中学校**(**5年制**)、**実業学校**(**3〜5年制**)から進路を選択することになります。

1930年代はこのうち高等小学校に進学する人が過半数で、高等小学校を卒業した人たちは家業である農業や漁業に従事したり、働きに出たりしていました。天才と謳われた田《た》中角栄《なかかくえい》元首相が高等小学校卒だったことからもわかる通り、当時は今以上に経済的な事情などで頭の良い子が大学へ進学できず、早い段階から社会に出ていくことが珍しくありませんでした。

一方で、裕福で勉強が得意な男児は旧制中学に進学しました。

旧制中学は5年制となっており、今で言うところの中1〜高2にあたります。大学を志す者は基本的にこちらのコースに進みました。

当時は中学を出ないと大学にも専門学校にも行けなかったので、進学希望者は中学への進学を望んでいました。しかし、中学への入学希望者に対して中学の定員は非常に少なく、狭き門だったのです。

当時は尋常小学校までが義務教育だったので、選ばれし者が進学する中学への門戸は非常に狭く設定されていたというわけです。

そのため当時の中学受験は熾烈であり、私立中学はもちろん、公立中学に入るためにも熾烈な受験を突破する必要がありました。

試験科目は国語や算数に加え、面接や体格検査もあったようです。今の慶應義塾《けいおうぎじゅく》付属校のような感じでしょうか。

有名中学を目指す子供たちは尋常小学校の5年次あたりから塾通いをし、親子二人三脚で受験を戦い抜いていたようです。

中学入試に落ちてしまった子は「**中学浪人**」をして、翌年また受験をする（高等小学校で仮面浪人をする）というカオスな状況だったとか。今では考えられませんが、1920年頃の中学合格者は現役生（12歳）よりも浪人生（13歳）が多数派でした。

1931年、文部省の担当者が新聞に「子供を実力以上の学校に入れてはいけない」という談話を発表するほど当時のお受験は過熱していました。

今から約100年前の話ですが、今首都圏でやっていることと大して変わらない（小学校低学年から塾に入る今よりはマシかもしれない）のには笑ってしまいます。

旧制中学を卒業した男子たちは、**旧制高校、大学予科、高等師範学校、専門学校**の4コースから進学先を選択することになります。

帝国大学を志すエリート予備軍たちは皆旧制高校に進学しました。旧制高校は3年制で、16〜17歳で入学して19〜20歳で卒業していたので、大学に入るタイミングは今より少し遅かったということですね。

旧制高校は、実質的には帝大への準備教育機関であり、帝大に進学するための「登竜門」だとみなされていました。それだけに、旧制高校の入試は実質今の大学入試であり、非常に厳しい受験戦争が展開されていたようです。

1932年時点で、旧制高校は全国にわずか32校しかなく、非常に少数にとどまっていました。

旧制高校の中でも、明治期に創設された旧制一高《きゅうせいいちこう》（第一高等学校《だいいちこうとうがっこう》）から旧制八高《きゅうせいはちこう》（第八《だいはち》高等学校《こうとうがっこう》）までは政官界に卒業生を早く送り込み、後発の学校より有利に立ったため、特別に「**ナンバースクール**」と呼ばれました。旧制高校の学生は勉強一辺倒のガリ勉タイプばかりというわけではなく、遊びも行事も全力でこなすというバイタリティあふれる学生が多かったとのことです。

1948年以降、**ナンバースクールは新制大学に取り込まれ、一高は東京大学、二高は東北大学、三高は京都大学といった形でそれぞれ国立大学の一部となりました。**今でもナンバースクールを前身とする大学を他の国立大学より格上とみなす風潮が残っています。

1930年頃の大学への入学資格は、「旧制高等科卒業者及びこれと同等以上の学力のある者、大学予科修了者」となっていました。

大学入試については、「入学志願者が各大学の学部学科定員を超過した場合」にのみ実施されていました。つまりマストではなかったということです。

当時の大学入学者の選抜方法としては、志願者の出身学校によって大学入学の優先順位を決定する「優先順位制」が採用されていました。大学予科を置く大学では予科卒業者に、予科を置かない文系学部では旧制高校の文系に、理系学部では旧制高校の理系に「優先順位第一号」が付与され、第一優先で進学が許されました。

たとえ旧帝国大学であったとしても、第一志願者数が少なく定員を満たさなかった場合、彼らには「無試験入学」が許可されることになります。

工学や医学は人気で入試が課されることが多かったのですが、文学部などは不人気で、無試験入学が許可される年がしばしばあったといいます。

今のように横並びでペーパーテストを受験して大学に入学するのではなく、大学に入る前段階(旧制高校入学)の時点で進路が大方決まっていたということですね。

東大銀時計組

現在の東京大学では、公式に「この学生が首席（トップ）」であると大々的に公表することはしていません。

プライバシーに厳しい今の世の中、学生の成績を公表するようなことは許されないのでしょう。

しかし成績優秀者が卒業式で皆の前で代表挨拶をする「**総代**」という役割は今も残されており、こちらが実質的な「首席」の役割を果たしています。

それから、各分野で優秀な成績を収めた人に対して「**東京大学総長賞**」や「**大内兵衛賞**《おおうちひょうえ》**（経済学部）**」といった特別賞が贈られ、その受賞者もその年の優秀生として名を轟かせることになります。

有名なところで言えば、信州大学特任教授で法学博士の**山口真由**《やまぐちまゆ》**さん**は「総代」に選ばれ「総長賞」も受賞されており、イェール大助教授の**成田悠輔**《なりたゆうすけ》**さん**は経済学部の「大内兵衛賞」を受賞しています。メディアは2人のことを「東大首席の天才」とひとまとめにして喧伝していますが、よく見てみると実情はさまざまです。

公式な「首席」表彰制度がないため、こうした人たちが実質的な「首席」としてメディアの餌食になってしまっているのが現状です。

しかし今から100年以上前、国から頭が良いことを公式に認められる制度がありました。うっすら聞いたことがある人もいるかと思いますが、「**恩賜の銀時計**」と呼ばれるものです。

優等卒業生に対して授与されるもので、「優等生制度」とも呼ばれていました。

もともとは軍学校において授与されていましたが、その後旧帝国大学や学習院《がくしゅういん》、商船学校にも与えられるようになります。

この制度はもちろん東京帝国大学《とうきょうていこくだいがく》でも実施されていました（恩賜の銀時計）。

当時から東大は日本一の大学であったので、各年の東大銀時計組はその学年で最も優秀な人たちという認識でした。

1899年（明治32年）から1918年（大正7年）まで東京帝国大学の卒業式で学業優秀者（各学部首席・次席）が選出され、天皇から銀時計が直接与えられていました。国から頭が良いことを公式に認められていたということです。

彼らは「**東大銀時計組**」と呼ばれ、「受験天才」の同世代代表として当時社会的にも注目されていました。彼らの勇姿は後世まで伝説的に語り継がれていくことになります。

制度が廃止されるまでの20年の間に323名に銀時計が付与されています。(法学部88名、経済学部9名、文学部50名、工学部77名、理学部20名、農学部24名、医学部42名、薬学部13名)。

この銀時計にまつわる記述は、当時の有名小説の中にもたびたび登場します。

夏目《なつめ》漱石《そうせき》の『虞《ぐ》美《び》人草《じんそう》』(1907年)にはこんな一節があります。

「兎に角甲野さんは時計を頂戴して居らん。自分は頂戴して居る。恩賜の時計は時を計るのみならず、脳の善悪《よしあし》をも計る。未来の進歩と、学界の成功をも計る。特典に洩れた甲野さんは大した人間でないに極つてゐる。」

「自分」とは主人公の小野《おの》のことであり、こちらは彼の友人である甲野《こうの》が時計をもらっていないことに対しての憐れみと蔑みを表現しているシーンです。

銀時計の有無が「善悪」を測る基準となり、時計組から漏れた甲野の脳は「悪」であって大した人間ではないと言い切ってしまうところに小野の強烈な選民意識を感じます。

エリート特有の高慢さが滲み出ており、**元祖学歴厨**といった感じです。

天才・銀時計組を見てみると、上杉慎吉《うえすぎしんきち》、吉野作造《よしのさくぞう》、鳩山秀夫《はとやまひでお》、南原繁《なんばらしげる》など日本史の教科書に載っている大物たちがずらりと並びます。

銀時計組の大半は学者になっており、さぞかし日本の学問の発展に寄与してくれたことでしょう。

日本史の教科書にも登場する、**吉野作造**と**上杉慎吉**という二人の銀時計組の神童の生い立ちを見ていきましょう。

吉野作造は1878年（明治11年）、糸や絹を取り扱う商家「吉野屋」の長男として宮城県に生まれます。幼少期から英才として知られ、小学校時代には小学生とは思えない文章能力で、人気雑誌に度々投稿をしていたようです。

小学校を1番の成績で卒業後、仙台の尋常中学校《じんじょうちゅうがっこう》（現在の宮城県仙台第一高等学校《みやぎけんせんだいだいいちこうとうがっこう》）に進学します。中学でも抜群の作文能力、得意の数学などで同級生たちを突き放し、2年生から卒業までずっと主席だったといいます。

中学卒業後は第二高等学校《だいにこうとうがっこう》（現在の東北大学）に進学。特に高校時代に出合ったキリスト教の教えは、吉野の思想の基礎を形作ることになります。その後は東京帝国大学に進学し、大変優秀な成績で卒業します（銀時計組）。

大学卒業後は教師として中国へわたり、ヨーロッパ留学も経験しました。そこで社会を動かすためには民衆の力が重要であることを学んだようです。

吉野は1916年、雑誌『中央公論』で発表した論文の中で「民本主義」を提唱します。民本主義では、あくまで天皇主権の枠の中で、最大限、国民の権利が守られなければならないと考えます。

当時の日本では選挙制度は確立されていたものの、選挙権が一部の特権階級に限られていたため、多くの国民は政治に参加できないという事情がありました。これに対し、吉野は政治は国民の意見によって行われるべきだと主張し、これが1925年の普通選挙法（衆議院議員選挙法）に繋がったと言われています。

上杉慎吉はというと、こちらも同年の1878年（明治11年）、福井県足羽郡福井町（現在の福井市）に生まれ、父は大聖寺藩の藩医でした。

東京帝国大学法学部政治学科に進学。在学中に法学者の穂積八束《ほづみやつか》に認められ、師事します。そのため、上杉が研究する憲法学説は穂積八束の影響が強いと言われています。

1903年、東京帝国大学法科大学政治学科を3番の成績で卒業。明治天皇《めいじてんのう》より恩賜の銀時計を授与されています。


1910年代に入ると、「神とすべきは唯一天皇」「天皇は絶対無限」「現人神」とする立場から「天皇主権説」を提唱し、美濃部達吉《みのべたつきち》が主に提唱する天皇機関説を痛烈に批判するようになります（天皇機関説は、天皇を神のような存在ではなく、国家の一つの機関として考える学説）。

1916年には吉野作造の民本主義を批判し、国家社会主義運動を進めていくことになります。ついにここで「**銀時計バトル**」が勃発したのです。


吉野作造が提唱した民本主義は、大正デモクラシーの根幹となる考え方であり、彼は民主主義の実現のために奔走した偉人のような描かれ方をすることが多いです。

かたや上杉慎吉は、同じ銀時計組の神童であったにもかかわらず、行き過ぎた国家主義者のイメージが付き纏い、歴史から消されてしまっている感すらあります。

東大卒業時の成績が拮抗していても、思想の違いで明暗が分かれるのは大変興味深いと思った次第です。

こうした天才たちのエピソードを聞くにつけ、私などはゾクゾクしてしまうものですが、１００年前当時の「学歴厨」たちもまた、彼らの偉業に熱狂していたことでしょう。

１００年前に出来上がったこの「優等生崇拝志向」が、のちに日本が「受験天才」を崇めるようになっていくスタート地点になっている気がしてなりません。

文豪たちの戦前受験エピソード

文豪の**太宰治**《だざいおさむ》は青森県の旧制弘前高等学校《ひろさきこうとうがっこう》の出身で、東大に無試験で入学した一人です。

「クズ」「メンヘラ」と呼ばれることも多い太宰ですが、意外なことに中学時代は優等生だったようです。青森県立青森中学校《あおもりけんりつあおもりちゅうがっこう》（現・県立青森高等学校）時代は成績優秀で１年時から卒業まで級長を務め、卒業時の成績は１６２人中４位だったとか。１９２７年に旧制弘前高校文科甲類（現・弘前大学）に優秀な成績で入学します。

しかし、この時期から怠け癖が見られ始め、「クズ」の片鱗が窺えるようになります。同人誌の制作にのめり込み、授業にはほとんど出席せず、担任教師からは「正直さに欠ける」という評価を受けています。出版社の懸賞小説に応募するも落選し、1929年に自殺未遂を起こしています。そんなことをしているうちに、大学進学の時が近づいてきます。

1930年、太宰は弘前高校文科甲類を中の下（76人中46位）の成績で卒業し、フランス語を知らないのにフランス文学に憧れ、東京帝国大学文学部仏文科を志願します。

太宰の受験当時（1930年）、東京帝大の英文科や国文科には入試がありましたが、仏文科は不人気でなんと無試験で入学することができました。太宰はそれに当て込んで仏文科に出願した面もあったのですが、不運なことになんと1930年に限って仏文科でも入試がありました。

目算が外れてしまった太宰は、他の志願者とともに受験会場で手を挙げ、試験官の辰野《たつの》隆《ゆたか》（東京帝大教授）に泣きを入れ、「格別の配慮」で無試験入学が認められたというなんとも情けないエピソードが残っています。

真面目に勉強している今の東大受験生が聞いたら発狂してしまいそうなエピソードですね。

ちなみに太宰は大学の講義についていけず、美術史学科などへの転科を検討しましたがそれも実現できず、結局留年の末に除籍となっています。

同じく文豪の**三島由紀夫**《みしまゆきお》も戦前の東京帝国大学入学者（1944年入学）です。三島は学業において非常に優秀で、学習院高等科を主席で卒業しています。太宰とは違い、在学中に小説にのめり込むものの、学業はおろそかにしなかったようです。学習院卒業の際、昭和天皇《しょうわてんのう》から「恩賜の銀時計」を授与されています。

先ほど紹介した優先順位制によって入学試験は免除され、東京帝国大学法学部に推薦入学しました。当時の東京帝大は一高から多くの学生が入学したのですが、学習院から推薦された三島は相当成績優秀だったのでしょう。

実は三島は中学、高校課程で開成《かいせい》中学や一高を外部受験するのですが不合格となり、やむをえず学習院で通したという事情がありました。悔しさをバネに学習院で勉強し、主席を勝ち取ったのですから大したものです。ちなみに三島の息子である**平岡威一郎**《ひらおかいいちろう》が中学受験で開成中に合格し、世代を超えたリベンジを果たしています。

学習院時代から文学に傾倒していた三島ですが、東京帝大卒で官僚を務めている父の勧めで法学部に進学することになります。

三島一家は祖父の代から東京帝国大学法学部を三代連続で出たハイパーエリート家系です（受験天才サラブレッドですね……）。そんな家系ですから父も「文学なんかやめて役人になれ」というスタンスでした。実際三島は東京帝大法学部卒業後、一旦大蔵省に入省しています。しかし、やはり文筆業と両立は厳しく、結局すぐに退職することになりますが。

しかし、三島は法学部で学んだ**団藤重光**《だんどうしげみつ》教授による刑事訴訟法の講義の「徹底した論理の進行」が、小説を書くうえで非常に役立ったと後に語っています。父親の命で文学部ではなく法学部という選択をしたことは、彼の文学に徹底的な論理性をもたらすことになり、決して無駄ではなかったのです。

ノーベル文学賞受賞者で、『伊豆の踊り子』で有名な**川端康成**《かわばたやすなり》の受験エピソードも面白いです。

康成は幼い頃から優秀で、小学校時代は学校の図書館の本を全て読破していたというエピソードも残っています。大阪府立茨木中学校《おおさかふりついばらきちゅうがっこう》（現・府立茨木高等学校）に首席で入学しましたが、入学後は文学に傾倒し、全く勉強しなくなってしまいました。

授業を聞かないばかりか宿題も提出しなくなり、作文の成績は全生徒88名中86位まで下がってしまったといいます。もちろんですが、教師からも目をつけられ「問題児」として扱われることになってしまいます。

康成は当初、三田（慶應義塾）か早稲田の文学科に行くつもりでしたが、入学以来どんどん席次が下がったことに対する屈辱や、康成と馬が合わず彼を侮辱した教師への報復の念があり、やはり早慶では満足できないと思うようになります。

そんな中、自分は帝大に行くべきだと思い立ち、一高（東京帝大に最も多く進学する旧制高校）への進学を決意したといいます。

首都圏の進学校で低空飛行していた生徒が、「**やっぱり早慶では満足できない！**」と奮起して東大受験を決意するという現代でもあるあるなパターンがこの頃から見られたのですね。

一高進学を掲げた康成に対し、校長や教師は「成績をよく考へ大それたことをするな。お前の学力では師範（教員養成学校）の二部が適当だ」などと言っていましたが、康成はそんなことで諦める器ではありません。

康成は教師の反対を押し切って上京し、駿河台の明治《めいじ》大学《だいがく》の予備校に通い、宣言通り一高に合格、のちに東京帝大進学も実現させたのです。

戦争に取り憑かれた受験天才たち

受験天才たちは、必ずしも国を正しい方向に導くとは限りません。彼らは頭が良いばかりに、一度間違った思想に取り憑かれてしまうと、その歪な主張の正当化のために完璧な論理を構築します。そうなったら最後、もう誰にも止められなくなってしまいます。

先ほど少し話に出ましたが、**陸軍士官学校《りくぐんしかんがっこう》や海軍兵学校《かいぐんへいがっこう》の卒業生たち**が良い例です。

陸軍士官学校は今の東大レベルの難易度だと言われ、当時エリートとして尊敬を集めていましたが、彼らはその優秀な頭脳を間違った方面に活用してしまいます。

明治維新が起こってからしばらくは、偏差値エリートではなく実践を積んだ「たたき上げ」たちが陸軍や海軍の中枢に据えられていましたが、明治後半から、東京帝大・陸大・海大を出た学歴エリートが、国や軍の中核を占めるようになっていきます。特に戊辰戦争で幕府側についてしまい「賊軍」とみなされた東北地方の出身者などが要職につくためには、東京帝大・陸大・海大を優秀な成績で卒業することが必須条件でした。

ちなみに陸軍士官学校とは陸軍の士官（指揮官）を養成する学校で、その卒業生が陸軍士官に任官し、数年の実務を経験した上で陸軍大学校を受験するという流れでした。

陸軍大学校は陸軍で中核となる参謀や将官を養成する教育機関で、戦術や語学、高等数学など、高度な内容を履修していたようです。

陸大の卒業生の中で成績優秀者数名は、天皇から菊の御紋の入った軍刀を拝受するため、彼らは「**恩賜軍刀組**」と呼ばれました。

満州事変の首謀者である**石原莞爾**《いしはらかんじ》も「恩賜軍刀組」でした。石原は幼少期から抜群の成績で「神童」と呼ばれていましたが、授業をサボったり教師に反抗したりと問題行動が多く、いわゆる分裂気質の（今で言うところの発達障害傾向の強い）天才でした。じゅそうけんの推しの天才の一人であります。


石原は1889年（明治22年）、山形県鶴岡市に誕生します。

幼少期からその秀才ぶりと奇抜な行動がエピソードとして残っているので紹介します。

6歳のとき、姉2人が子守りのために石原を学校に連れて行ったところ、教室で大暴れ。当時の校長が石原に試験をやらせてみると一番の成績であったため、同年に2年生に編入することになったというエピソードが残っています。

庄内中学《しょうないちゅうがく》2年次途中で仙台陸軍地方幼年学校（予科）を受験して合格します。

ここでも不動の学年トップの成績を誇り、3年間第二位を大きく引き離して一番の成績を維持します。特に代数学やドイツ語は抜群の成績だったとか。

ただ、神童あるあるなのか運動は苦手で、器械体操や剣術などは苦手だったそうです。

1907年（明治40年）に陸軍士官学校に入校しますが、区隊長への反抗や侮辱をするなど問題行動が目立つようになります。士官学校時代は軍事学よりも歴史学や哲学の勉強に励んでいたようです。

石原はやはり優秀な成績で士官学校を卒業し、卒業後は大日本帝国陸軍の歩兵第65連隊での訓練に励みます。当時石原が所属していた歩兵第65連隊から一人も陸大が出ておらず不名誉だということで、陸士成績が最優秀であった石原に白羽の矢が立ち、陸軍大学校受験が勝手に決定します。石原は一日中部隊勤務に励んでおり、試験直前まで全然勉強できなかったにもかかわらず、なんと合格してしまいます。陸大学生時代も次席だったといいます。

自由奔放な性格で、好き嫌いを躊躇いなく表に出すため、敵も味方も多かったといいますが、「帝国陸軍の異端児」として歴史に名を残すことになります。

有名なのは、柳条湖事件という謀略事件を演出して交戦に持ち込み、約20万人対1万人という圧倒的な戦力差にもかかわらず連戦連勝を貫いたというエピソードでしょうか。

若槻礼次郎《わかつきれいじろう》内閣や陸軍上層部の不拡大方針を無視して占領地を拡大し、新国家設立に漕ぎ着けるなど、世界恐慌の後日本を覆っていた閉塞感を打破した立役者として広く知られることになります。

石原莞爾とは犬猿の仲だと言われた元内閣総理大臣の**東條《とうじょう》 英機《ひでき》**は、1912年（大正元年）に陸大に入学します。

東條は石原とは真逆の「努力の人」で、天才というよりは秀才といった方が適切かもしれません。

「恩賜軍刀組」には入れませんでしたが、その真面目さと実直さを買われて上から気に入られ、順調に出世を重ねていきました。近衛《このえ》内閣の陸相を経て、日米開戦の直前についに内閣総理大臣に就任します。

東條は航空士官学校を視察した際、「敵機は精神でおとすのである。したがって機関砲でもおちない場合は体当たり攻撃を敢行してでも撃墜するのである。」と言い放ったといいます。これは荒唐無稽な精神論としか思えません。日本トップレベルの頭脳を持つ受験秀才がこのような非合理的な精神論を主張していたのには驚いてしまいます。

東條は開戦ムードに流され、戦局を冷静に見極めることなく「もう決まったことだから」と時期尚早の日米開戦へと突入し、３００万人以上の犠牲者とともに大日本帝国を崩壊させました。東條はＡ級戦犯として処刑され、現在も厳しい批判に晒されています。**内閣総理大臣まで上り詰めた「受験天才」であっても、一度間違えた道に進んでしまうと引き返せない**のだということがわかります。

他にもノモンハン事件で多数の日本兵を犠牲にした辻政信《つじまさのぶ》参謀など、戦術的な能力に疑問符がつく軍人でも本部から重用され続けたのは、彼が偏差値エリートである「恩賜軍刀組」であったからだと言われています。一昔前の役所や銀行でもこうした光景は見られましたが、あまりにも官僚的で柔軟性に欠ける感じがします（私が所属していたＭ銀行でも、仕事の出来はイマイチなのに学歴が高い年長者というだけで役職についていた人がたくさんいました……）。

ちなみに日本が無条件降伏した翌日の１９４５年8月15日の陸軍士官学校は地獄絵図だったそうです。降伏と同時に廃校になり、翌日の候補生たちの中には発狂や自殺をする者も少なくなかったのだとか。

一夜にして今まで築き上げてきた努力や価値観がひっくり返されたわけですから、当然の反応とも言えるでしょう。戦争に狂ってしまった「受験天才」たちは戦後アイデンティティクライシスを起こすことになるのです。

80年前のじゅそうけん（戦前に行われた「優秀児」研究）

戦前、じゅそうけんマインドを持ったアツい研究者がいました。

太平洋戦争の最中（1940年代前半）、「神童」の起源を遺伝の観点から解き明かそうという動きがあったのです。今まさに私がやっていることですが、頭の良い子供たちの親族の学歴や職歴を徹底的に調べ上げ、その中に法則性を見出そうと狂奔していた人物が80年前にもいたのです。

今でこそ、そうしたプライバシーに踏み込んだ調査は適切ではないとされ、大規模な調査は行われなくなってしまいましたが、当時の日本では数十万人規模を対象とした調査が可能であり、学問的なアプローチが行われていたのです。

80年前の学歴研究家の努力の結晶は、日本學術振興會が刊行した『**優秀兒童家系調査**』（1945年）の中に収められています。

しかし、刊行からわずか2ヶ月後、1945年3月の東京大空襲でこちらはほとんど消失してしまい、戦後はわずか数十部しか残らなかったとか。なんという悲劇……。

中心となって調査を行ったのは、大阪府《おおさかふ》天王寺《てんのうじ》師範学校《しはんがっこう》（現・大阪教育大学《おおさかきょういくだいがく》）で教鞭をとっていた**鈴木治太郎**《すずきはるたろう》氏です。この方こそ、「80年前のじゅそうけん」であります。

鈴木氏は滋賀県尋常師範学校《しがけんじんじょうしはんがっこう》を出て大阪府天王寺師範学校の教員となり、知能テスト研究の第一人者だと言われていました。

本調査の対象となったのは、大阪市内の小学生児童約35万人です。

鈴木氏は各学校に依頼し、各学級の成績上位２名を抽出してもらいます。この段階で対象となるのは６５００学級、１万３０００人とまだ非常に膨大でしたが、鈴木氏はこの児童全員に知能検査を受検させます。

検査の結果、大阪市内にはＩＱ１６０以上の児童が１４５名いたことが明らかになりました。

同世代の上位０・04％。数にすると灘《なだ》中学の１学年分より少し少ないくらいでしょうか。

鈴木氏はこの１４５名のうち70名を選んで、彼らの家族の学歴や職業、性格などを徹底的に調べ上げました。

面接、手紙のやり取り、周辺の人々へのインタビューなど地道な調査を続け、結果が出揃うまでになんと約3年を要しました。

『優秀児童家系調査』では、対象児童の両親、祖父母、兄弟姉妹、従兄弟などがチャートで示され、各々の出身校や勤務先が事細かに掲載されています。その緻密さには現代のデータ分析の水準からみても舌を巻いてしまいます。

調査の結果を見てみると、やはり**高学歴家系の子供は知能が高いケースが多い**ということがわかってきます。本調査で高ＩＱだったＩＱ１８９の「神童」の家族も、やはりとんでもない高学歴一家でした。父親は京都大学医学部卒の医師、母親は高等女学校卒、弟のＩＱは１７６。

叔父や叔母まで広げてみても、高学歴の人たちがずらりと並んでいました。

神童の父親の職業を見てみても、やはり医師や会社経営者、教員などの知的職業についているケースが多かったのです。納得の結果ですね。

実は私も以前Twitter（当時）のフォロワーから「学歴家系図」を募集し、約１５００人分のサンプルを集めたことがありましたが、こちらの調査をしたときの感覚と一致します。灘・開成・筑駒《つくこま》・桜蔭《おういん》の父親の学歴を集めてみたところ、なんと86%（37／43）の父親が旧帝大・医学部・早慶いずれかの出身者でした。やはり知能は相当遺伝する……という身も蓋もない結果が明らかになりました。

そもそもどのような目的でこのような調査が行われたのでしょうか。本書には次のようにあります。

「現下、非常時にあたり、日本民族素質の優秀性を保持増進すると共に、他面、その劣弱性を防止するため、必要なる優性遺伝の諸問題を徹底的に研究し、わが民族の将来の素質優秀性体現への遠大なる長計を画策するに資せんとするものである。」

つまり、戦時中の非常事態において、日本が戦争に勝てるよう優秀な人材を生み出すことが求められ、その参考としてこの研究が実施されたという側面があったようです。

優秀な家系を調べ上げ、「優秀性体現」のために必要な法則を見出そうとしたということでしょうが、この記述を読むとナチス・ドイツのヒトラーが信仰していた優生学的思想がちらつきます。

優生学とは、「進化論と遺伝学を人間に当てはめ、遺伝学的に人類をより良くすることを目的とした一連の信念と実践」のことを指します。ナチス・ドイツは「社会的に劣等」と捉えた人々（ユダヤ人）の絶滅を促進するために優生学を用いたことで、世界中から非難が集まりました。

しかし、鈴木氏が掲げた目標はあくまで建前であったと私は考えています。

なぜなら、彼は戦争が終わってからも懲りずに神童の家系図調査を続け、１９４９年には『優秀智能児はどんな親から生れるか』を刊行しているからです。

彼はヒトラーが重視した優性学的思想によって国力増強を実現したかったのではなく、純粋に「**神童の神秘と起源**」に惹かれていたのだと思います。あくまで彼の著書を読んだ「同志」から見た所感ではありますが。

第二章

受験天才は日本の発展を支えたか（戦後の受験天才）

第一章では戦前の受験事情について見ていきました。
本章では戦後の受験史を振り返りながら、
天才の消息を追っていきたいと思います。

戦後の学生改革、新制大学へ

第一章では戦前の大学事情について述べました。本章では戦後の受験・学歴事情について語っていきたいと思います。

前章で当時の学校の在り方について触れましたが、戦後の教育改革により大幅に見直されることになります。「旧制大学」「旧制高校」「師範学校」「高等師範学校」「大学予科」それぞれが**4年制の新制大学**として再編されることになります。

新制度による大学は、戦後すぐの1948年、1949年に次々と慌ただしく発足しました。1949年時点では国立大学70校、公立大学18校、私立大学92校でした。

帝国大学は各種学校を統合することを避けたため、2校以上の国立大設置が認められた北海道、東京都、愛知県、京都府、大阪府、福岡県には、教育や工業の単科国立大学が帝大とは別に設置されました。

新制大学は旧制大学とはかなり性質の異なったものとなりました。

旧制大学は、旧制高校等で広く教養をおさめた上で入学する専門的機関であり、現在の大学3・4年次と、大学院の修士課程（博士前期課程）に相当するという見方もあります。

しかし、敗戦直後にアメリカから日本にやってきたアメリカ教育使節団はこれを「日本の高等教育は専門的であり職業的色彩が強い」と非難し、自由な思考を養うための「普通教育」を実施すべきだという主張を行います。人生の早い段階で、とりあえず職業的訓練のための道を設けてしまうのはやや早計で、まずは広い教養（**リベラルアーツ**）を身につけるべきだという考え方です。

その意見を受けて、1948年から1949年にかけて発足した新制大学にはこちらの普通教育が導入され、4年間の学部教育のうち2年を一般教育、もう2年を専門教育という形で編成されることになります。この一般教育部分が「**教養課程**」というような呼ばれ方をされるようになり、それまで旧制高校や旧制大学予科が担っていた部分を新制大学の最初2年間に充てることになったというわけです。

現在の東京大学や北海道大学《ほっかいどうだいがく》の一部でも、最初の2年は幅広く教養を学び、3年生から文理それぞれの専門的な学部に振り分けられるというように一般教育と専門教育をはっきりと分けているところもあります。

ちなみに、新制大学の一般教養科目の教師の中には旧制高校出身の教師も多く、発足当初の新制大学の学舎には旧制の雰囲気が強く残っていたといいます。

教育レベルの異なるいろいろな学校をまとめてスタートした新制大学ですが、旧制大学を知る人にとっては、「**大学教育の下方拡大**」「**希釈化**」と見る人も多かったといいます。ともあれ、こうした高等教育の希釈化によって、大学は多くの中間層（大衆）にもアクセス可能なものになったのです。

学校群制度と学校序列

「**一中→一高→帝大**」というのは、戦前のエリートコースの代名詞でした。帝大というのは現在の**東京大学**、一高は**東大教養学部前期課程**、そして一中は**都《と》立《りつ》日《ひ》比《び》谷《や》高等学校《こうとうがっこう》**のことを指します。

一中は戦後に日比谷高校となったあとも圧倒的な進学校として全国に名を轟かせることになります。1965年まで東大合格者数全国トップを独走し、1964年には「193名」もの東大合格者を輩出しています。この記録は2012年に開成高校が203名の合格者を出すまで半世紀近く抜かれることのなかった大記録です。当時、このまま日比谷の天下が当面続くと思いきや、思わぬ事態が発生します。

1967年に都立高の**学校群制度**が導入されたのです。学区内に2～4つの群を作り、合格者をそのグループの各校に振り分けるという方式に変更されました。これにより日比谷へ優秀層が一極集中することがなくなり、これは「**日比谷潰し**」だとも言われました。都立高校の格差をなくし、加熱する受験戦争を緩和させるというのが都の狙いでしたが、日比谷のようなトップ校からしてみれば良い迷惑だったでしょう。

日比谷高校は九段高等学校《くだんこうとうがっこう》や三田《みた》高等学校《こうとうがっこう》と同じ群になりましたが、これは日比谷に行きたかった受験生が九段や三田に振り分けられる可能性もあるということを意味します。

日比谷に憧れてせっかく合格したのに、別の高校に振り分けられるという例も多く見られたようで、当時の受験生たちは堪ったものではなかったはずです。九段や三田に振り分けてしまい、不本意に感じた受験生がそれらを蹴って私立に進むケースも見られるようになります。日比谷に行けるかどうかわからないからと、高校から開成や東京教育大学附《とうきょうきょういくだいがくふ》属駒場《ぞくこまば》（現・筑波《つくば》大附属駒場《だいふぞくこまば》）高等学校《こうとうがっこう》に進学する生徒も目立つようになります。

こうした背景から、1960年代には200人近かった日比谷高校の東大合格者は10年もしないうちに30人を下回るようになり、82年に学校群制度が廃止されてからも低迷は続くことになります。90年代に入るととうとう1桁で推移するようになり、93年にはなんと

「1人」にまで減ってしまいます。かつての絶対王者の面目は完全になくなってしまったのです（表2－1）。

都立高校が地盤沈下していく中、メキメキと需要と進学実績を伸ばしていったのが**私立中高一貫校勢力**です。

日比谷が不動のトップから陥落し、東大合格者数ランキング1位に君臨するようになったのは、みなさんご存じの**開成高校**です。開成は1982年以降、40年以上にわたって東大合格者数全国1位の座を守り続けています。

ちなみに1950年代以前の開成は、同じく御三家の麻布《あざぶ》高等学校《こうとうがっこう》などと比較して大きく後れをとっていました。しかし、1960年度に高校募

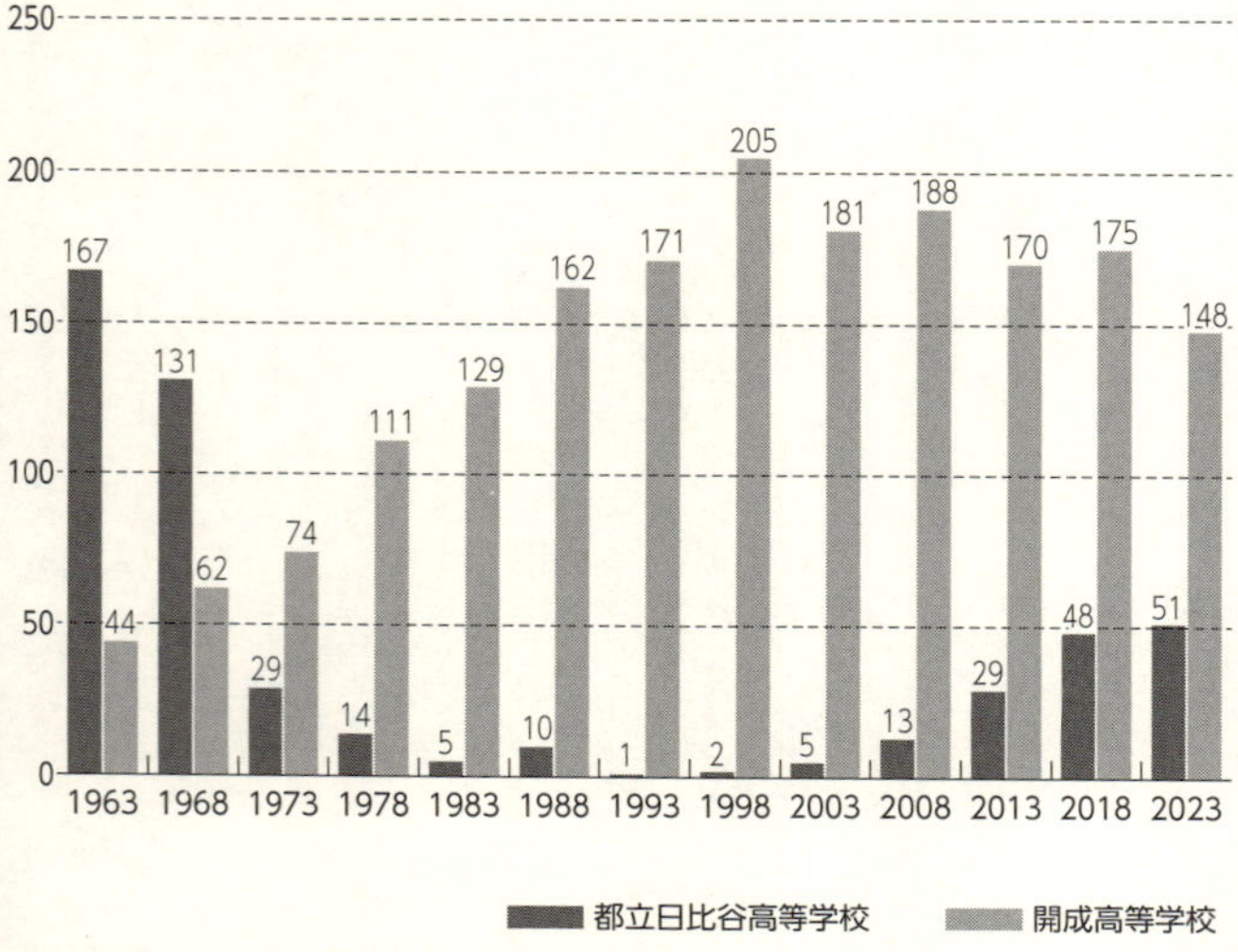

表2-1　都立日比谷高校と開成高校の東京大学合格者数（5年毎）

集を設け（定員50人）、当時は中学受験組より優秀だと言われた高校受験生の上澄みを回収したことで勢いをつけ、そこから飛躍的に進学実績を伸ばしていくことになります。学校群制度の影響で都立高の不調が目立ち始めた77年には東大合格者124名を叩き出し、初めて全国トップの座に躍り出ます。これ以降、首都圏のトップ中学受験生300人とトップ高校受験生100人の計400人の精鋭たちが毎年集い、目の覚めるような進学実績を残しています。

昨年度（2023年）と61年前（1963年）の東大合格者数ランキングを見ていくと、かなりの違いがあることがわかります（表2－2）。

61年前には都立高校メインだった顔ぶれが、中高一貫私立校メインへと様変わりしています。61年前は開成は

1963年 順位	学校名	人数	2023年 順位	学校名	人数
1	日比谷（公）	167	1	開成（私）	148
2	都立西（公）	134	2	筑波大附属駒場（国）	87
3	戸山（公）	109	3	灘（私）	86
4	新宿（公）	96	4	麻布（私）	79
5	東京教育大附属（国）	83	5	聖光学院（私）	78
6	小石川（公）	68	6	渋谷教育学園幕張（私）	74
7	麻布（私）	64	7	西大和学園（私）	73
8	東京教育大附属駒場（国）	51	8	桜蔭（私）	72
9	灘（私）	48	9	駒場東邦（私）	72
10	両国（公）	45	10	日比谷（公）	51

表2-2　1963年と2023年の東大合格者数ランキングの比較

44名とトップ10には入れず、都立上野《うえの》や都立小山台《こやまだい》と肩を並べています。

いかに学校群制度の影響が大きかったかおわかりになるでしょう。当時の都立高校卒業者（今の70代以上）はいまだに都立高校信仰が強く、昨今の中高一貫校至上主義に難色を示している方が多い印象です。

1980年代以降、完全に面目を失ってしまった日比谷ですが、2000年代に入ってようやく状況が変わってきます。

学校群制度・学区制が撤廃され、都立高校が息を吹きかえしてきたのです。

2003年度以降は東京都で学区制が廃止されたことで、名門都立高校に再び優秀な生徒が集まるようになり、約20年の時を経て名門都立高校は復活を遂げ始めています。

学区制が廃止された直近の都立高校進学実績では名門校の快進撃が進んでおり、この傾向は今後も続くものと思われます。特に40代以上の親御さんの中には「都立高校＝学校群制度・学区制」で「優秀な生徒が集まりにくい」という認識の方がいるかもしれませんが、これは現在のデータに照らし合わせると正しくありません。学区制が終了し優秀な生徒が集まりやすくなった名門都立高校から難関大学を目指す、というのが現在の一般的な感覚になりつつあるのです。

さらに、2000年代に入ると、東京都教育委員会が「**進学指導重点校**」というものを指定するようになります。

進学指導重点校とは、東京都教育委員会から指定され、進学指導の充実を図り進学実績の向上に重点を置いた都立高校のことを指します。共通テストを5教科7科目で受験する者が在籍生徒の6割以上、難関国公立大学（東大・京大・一橋《ひとつばし》大・東京科学大・国公立医学部医学科）への現役合格者が15名以上など、ハードルの高い基準が設けられています。

現在では日比谷高校、戸山《とやま》高校、西《にし》高校、八王子《はちおうじ》東《ひがし》高校、青山《あおやま》高校、立川《たちかわ》高校、国立《くにたち》高校の7校が指定されています。

これらの都立高校の一般入試では、自校作成問題を導入して思考力のある生徒を集め、教育体制の充実のために教員公募制を実施して優秀な教員を募るなど、生徒・教員双方の質を高めようという努力を感じます。

この制度により、近年さらに優秀な生徒が都立高校に集まるようになり、進学実績を底上げしているという実情があります。

1993年に「1名」にまで減っていた日比谷の東大合格者数は徐々に上向いていき、2000年代後半以降は2桁で安定するようになりました。そして2016年には、およそ半世紀ぶりに50名を突破し、受験業界にどよめきが発生しました。2022年度入試では65名を記録し、合格者ランキングTOP10入りを果たしています。

こうした半世紀ぶりの日比谷の快進撃を受けて、今や開成高校を蹴って日比谷高校に進学する者も珍しくなくなりました。

日比谷に限らず、近年の高校受験市場においては、私立中高一貫校より公立進学校を選択するケースが増えてきているといいます。

首都圏の中学受験割合が年々上昇し、高校から一貫校入学を志す人が減少したのも、かつてのような優秀層を高校から囲い込めなくなってきている原因かと思います。

実際、女子校東大合格者数全国2位の豊島岡女子学園《としまがおかじょしがくえん》は、2022年度より90名の高校募集枠を完全に停止し、入り口を中学入試に限定しました。関西の名門・東大寺学園も2024年度より高校募集を停止することを表明しています。

都立復調の流れの中で、私立中高一貫校の高校募集がどうなるのか、今後も目が離せません。

東大紛争

1960年代末、過激な左翼学生たちが各大学や予備校で「大学解体」「自己否定」といった主張を掲げ、**全共闘（全学共闘会議）**という団体を組織しました。全共闘運動では、学生たちが校舎の封鎖やバリケードストライキなどの実力行使を行い、教員の立ち入りを阻止するといった大変激しい手法を実施したところに特徴があります。今でも「全共闘世代」といった言葉が使われることもあるほど、一つの時代の象徴的な出来事となっています。

実は「学生運動」と呼ばれるものはいろいろな大学で発生しているのですが、一般に「全共闘」と呼ばれるのは東京大学と日本大学《にほんだいがく》の全共闘運動を指します。

最も有名なのは、1968年から1969年にかけて続いた全共闘による大学紛争である「**東大紛争**」でしょう。

発端は些細なもので、東大医学部インターン問題を巡る学生への不当処分だったようです。大学当局への講義運動から始まり、安田講堂を一時占拠するなどエスカレートしたあと、東大全共闘が結成されます。

初めはこうした大学個別の問題が発端となっていましたが、それを受けての大学側の硬直した対応や政府の機動隊（治安警備にあたる各都道府県警察の部隊）の介入を経験する中で、全共闘は「大学の理念と学問の主体を巡る運動」の様相を呈していきます。当時の大学は帝国主義的管理に組み込まれた「教育工場」であり、教授会はその管理秩序を維持する「権力の末端機構」であると称して、そうした硬直した機関の解体を掲げて全学バリケード封鎖といった暴力による大学の解体を主張しました。

こうして東大紛争は大学内部の問題の枠を超え、「学生VS国家権力」という形へと変化していきます。

この煽りを受けて、なんと1969年には東大入試が中止になっています。長期化する闘争はいよいよ収拾がつかなくなり、入試直前の1月には東大全共闘と機動隊が激しく衝突し、多くの学生が逮捕される事態となりました。

この状況を受けて、文部省（当時）はしばらく教育や研究機能などの原状回復が難しく、入試が実施できる状況ではないと判断し、**東大入試の中止**が決定されたのです。東大入試が中止となったのは、後にも先にもこのときしかありません。

そのため、**この年の最優秀層は京大や一橋に流れた**と言われています。

当時東大合格者数ランキングで上位だった、日比谷、西、戸山、東京教育大学附属駒場（現・筑波大学附属駒場）、開成、麻布などの関東勢がこの年京大受験に殺到し、京大の文系学部の合格最低点は前年から120点以上も跳ね上がるという異例の事態を招きました。

これに伴い、北野《きたの》や天王寺《てんのうじ》といった関西の京大進学校が割を食い、合格者数は激減してしまったと言います。

京大に合格した関東勢たちは、まだ東大を諦めたわけではありませんでした。翌年の東大入試に備え、関東出身の京大生150人ほどが駿台に通い始め、**模試の全国ランキング上位に京大の1年生が名を連ねるといった「珍事」**が発生したりもしています。

一橋入学者のレベルもこの年は非常に高かったと言われています。**竹中平蔵《たけなかへいぞう》さん**などはこの年の一橋大学入学者であり、東大レベルの学力を誇っていたことが窺えます。

ちなみに、1969年に東大全共闘と文豪の三島由紀夫氏（東大法学部卒）が公開討論をするというトンデモ企画が実現されたこともあります。

肉体を鍛え上げ、民兵組織「楯の会」を率いる天皇主義者だった三島とは正反対の思想を持つ東大全共闘のディスカッションは非常に抽象的でレベルの高いものであり、大変見応えがあります（私は内容の半分くらいしか理解できませんでしたが……）。

55年前当時の東大の空気感も摑めると思いますので、興味のある方は映画『三島由紀夫

VS東大全共闘 50年目の真実』をNetflixなどで視聴してみてください。

高まる大学進学率と詰め込み教育

4年制大学への進学率を見てみると、戦前の1940年前後には1割未満でありましたが、1960年前後(今の80歳前後)には約10%、1970年前後(今の70歳前後)には約20%、1980年前後(今の60歳前後)には約25%とかなりのペースで上昇しています。

戦後、アッパークラスにのみ開かれた扉だった大学が一気に庶民クラスにも開かれていったのです。国立大は47都道府県全てに置かれるようになり、東大を頂点とする大学の序列が多くの国民の関心ごととなる「**学歴社会**」が到来しました。

特に戦前の時代には、大学は一部の上流階級の子弟にのみ開かれた世界でした。高度経済成長期に大企業が次々に生まれていく中で、「エリートサラリーマン」が憧れの対象となり、そのための切符としての「学歴」が重要視されるようになります。

戦前は高等小学校卒の田中角栄元首相のように、能力の高い子供が進学できずに埋もれてしまうという事例がたびたび見られましたが、昭和後期には抜群に頭が良い子は基本的に大学に進学するようになります。

この頃の学校側の教育体制に目を向けてみても、現在とはかなり異なったものであったことがわかります。

1980年代頃まで、日本各地の中高では管理的な教育が行われていました。高度経済成長の行き詰まりや学生運動の勃発、東西冷戦などの社会不安の中で、政府は国民の在り方として「従順で勤勉な労働者」を養成しなければならないと考えていたからだと思われます。

それから、当時の企業社会は年功序列であり（今の日系企業もたいして変わっていませんが）、上の立場の人に従順な社員が必要とされていたこともあるでしょう。当時は精神論・根性論に基づく体育会系で縦社会的な発想の教育が日本中で展開され、教員による体罰も珍しくありませんでした。男子は坊主頭が強制されたり、男女交際が禁止されたりというのは当たり前の光景でした。

また、当時の管理教育は学業面においては「**詰め込み教育**」と親和性が高かったと言われています。

詰め込み教育は知識を頭に詰め込むことに重点を置いた教育であり、「ゆとり教育」の対義語として用いられます。基礎学力を定着させることができるというメリットがあると言われており、一定の効果が見込めていたといいます。しかし、詰め込み教育の弊害として、勉強についていけない生徒が激増するという副作用も生みました。あまりの授業のスピードについていけない子供が続出し、「高校で7割、中学で5割、小学校で3割が落ちこぼれ」と言われ、「**教育七五三**」と揶揄されるほどでした。

こうしたドロップアウト組が増えたことにより、**1980年代の学校では校内暴力、いじめ、非行などの問題が発生**し、社会問題となりました。

それでは、こういった管理主義的な教育は「悪」で、生徒たちの自由に任せた教育が正しいのかと言われると、そういった単純な話ではないようです。

管理教育の対義語である「**自由主義教育**」は、無秩序な集団を見て見ぬふりする「放任主義的な」教育であるというマイナスな見方をされることもあります。特に、学力低下の原因とされた「ゆとり教育」の問題が取り沙汰された際には、以前の管理教育（詰め込み教育）の必要性が叫ばれることになりました。元東京都知事の石原慎太郎《いしはらしんたろう》氏をはじめとする保守派が管理主義的な学校の必要性を語っていたりします。

私自身も、かつてのような教員による体罰や過度な根性論に基づく指導には眉を顰めてしまいますが、明確な目的意識のもとで厳格な規律を敷いている「令和の管理型学校」にはメリットも多くあると考えています。

時代の流れの中で先述したような昭和的な管理教育体制を敷く学校はほとんどなくなりましたが、まだその色が残っている学校というのも存在し、一定の需要を得ています。

共通一次試験の導入

高度経済成長の中で大きく業績を伸ばしていた日本企業ですが、大手企業の採用大学は決まった上位大学で固められており（今も状況はたいして変わっていませんね）、18歳時点の学力が生涯の地位や年収を左右する最重要ファクターとなってしまいます。

こうした学歴至上主義的な事態や詰め込み教育への批判が高まり、これを受けて文部省が対策に乗り出すことになります。

1971年（昭和46年）に文部大臣の諮問機関である中央教育審議会が具申した「**四六答申**」の中には、「共通テストを開発し、高等学校間の評価基準の格差を補正する」「必要とする場合、専門分野において重視される能力についてのテストや論文、面接を行い、それらの結果を総合的な判定の資料に加える」という内容が盛り込まれました。国立大学協会も検討に入り、全国共通の一次テストを実施し、その上で各国立大学が独自の試験を行うスタイルが導入されました。1979年度より国公立大全受験者が「5教科7科目」の**「共通一次試験」**(国公立大学入試選抜共通第一次学力試験)を受験することになります。なお、この「共通一次試験」は**センター試験**(大学入学者選抜大学入試センター試験)、**大学入学共通テスト**と名前を変えながら、現在でも同形態で実施されています。

国立大学の入試は、戦前の旧帝国大学からの流れを引き継ぎ、1950年代までは論文入試が普通でした。

しかし、1960年代以降の大学受験者数の急増によってそのスタイルを維持するのが難しくなってしまいます。大学の大衆化に伴う避けがたい流れですが、これ以降は難問・奇問を含んだ、「受験生を振るい落とすための選抜試験」の様相を呈し、これが問題視されるようになります。

こうした事情があり、「公正・公平」の保証として優れていた共通一次試験が重宝されることになったという側面もあるようです。

共通一次試験導入の本来の目的の一つに、アメリカの全米共通テストのSATのように、高等学校における学習達成度を見る指標とし、それを受けて大学がそれぞれ独自性に富んだ二次試験を実現することがあったはずです。

しかし、本制度の導入によってアメリカのようなスタイルには至らず、**むしろ学歴主義を加速させてしまう**ことになります。

共通一次試験は、二次試験と合わせて総合的な合否判定に使用されるというよりも、二次試験の受験資格を得るためのパスポートの側面が大きくなってしまったのです。

一次試験と二次試験の得点比率を大学側が自由に設定できることも問題でした。

東大や京大など最難関大学では二次試験が重視されましたが、多くの国立大学は共通一次の比率を7割や8割に設定しました。こうした共通一次偏重の傾向により、各大学の特色となるはずの「アドミッションポリシー」などは生まれず、むしろ「詰め込み教育」の温床となっていきました。

さらに、共通問題が導入されたことによりその得点率によって大学が序列化されるようになり、国立大学の偏差値ピラミッドがはっきりと現れてしまうという思わぬ事態も生みました。

共通一次試験が導入された1979年以降、学歴社会に拍車がかかった感があります。

目立ち始めた教育熱心な家庭と教育虐待

受験戦争が過熱する中、どうしても我が子に学歴を身につけさせたい親たちが暴走してしまう事例がこの時期（昭和後期）から見られるようになります。

それまでの日本では、農業、漁業、林業といった一次産業や、工業や製造業といった二次産業に従事する人たちが圧倒的多数派であり、大学は経済的に恵まれた人や、一部の秀才が行くところだと考えられていました。

1950年代までは大学進学率は10％以下、高校進学率ですら60％を下回っていました。ところが、1950年代後半からの高度成長期に入ると、第一次産業が急速に衰退していき、都市を中心としたサービス業や情報通信業といった第三次産業が急成長するという、産業構造の大きな変化が起こり始めました。**地方出身の人々が故郷に見切りをつけ、大量に都市部に流れ込むようになったのもこの時期**です。そういった層が東北地方から大量に流れ込んできたのもこの時期です。主に農村地域の中学校の新卒者が集団で都市部に就職する「集団就職」と呼ばれる形式の就職が盛んに見られるようになりました。多くの若者が東北本線の臨時夜行列車で上京し、上野駅に彼らが殺到した光景は当時の風物詩となっています。彼らが第一世代となり、我が子には銀行、病院、広告代理店、商社などに勤務するエリートとして飛躍してほしいと考え、そのための**切符としての「学歴」**に執着するようになります。

この頃の親世代は第二次世界大戦を経験し、基本的に学歴も持たない中、苦労して日本の再建を担ってきた世代です。彼らは社会に出て、学歴が秘める力が想像以上に大きいことを知り、学歴コンプレックスを抱く者も少なくなかったことでしょう。

そのため、我が子には自分たちのような苦労をしてほしくない、自分の見られなかった世界を見てほしいといった理由から、教育熱心になっていった家庭が多く見られました。

ただ、教育熱やエリート主義がエスカレートし、それが凄惨な事件に繋がることもこの時期からよく見られるようになりました。

1980年（昭和55年）に発生した「**金属バット殺人事件**」は加熱する受験戦争を背景にして起こった事件の象徴となっています。

2浪中の予備校生が受験のストレスから両親を撲殺するというもので、加害者の父親が東大出身のエリートであったことも注目を集めました。

エリート志向の蔓延る高学歴一家で、結果を出せず凶行に走ってしまうという、この時代の空気を象徴するような事件でした。

事件の凄惨さもさることながら、その背景にある受験競争への問題提起の声も多く集まり、社会現象になりました。この事件を受けて、有名ロックバンドが便乗した楽曲を作ったり、ノンフィクションのドキュメンタリーやドラマが作られたりすることになりました。

男は四大・女は短大

当時、男女で学歴に対する価値観はだいぶ違ったという事情もありました。

1960年代以降、男性の大学進学率は飛躍的に上昇していきますが、女子の大学進学率の伸びはあまり芳しくありません。1960年時点で男性13・7％に対して女性2・5％、1970年時点で男性27・3％、女性6・5％となっており、かなり差がついていることがわかります。

その原因ですが、当時は今のような男女雇用機会が保障されていたわけではなく、男は学をつけて外で働いて稼ぎ、女は学などつけずすぐに家庭に入って夫を支えるべしという価値観が一般的だったことが大きいでしょう。今ではもうほとんど見られませんが、当時の女性は高校を出て（もしくは専門学校や短大を経由して）事務職（一般職）として会社に入り、そこで出会った総合職男性と結婚し、寿退社をして専業主婦になるというのがお決まりのコースでした（私の両親もそのパターンです）。

昭和は「女が大学なんて行ったらお嫁に行けなくなる」といった主張も根強く、勉強熱心な女子たちが親の意向で大学に進学できないという事例が全国至るところで見られました。

そのため、**当時は地域トップ高校を出た女子生徒が大学に進学せずそのまま働きに出たり、短大に進学するケースも多く見られた**のです。

女子学生の就職は四大よりも短大の方が良いとすら言われており、優秀な女子たちがあえて短大に進学することも多かったといいます。

どうせ四大卒の女子学生を雇っても、3年程度働いたら結婚と同時に辞められるのだから、2年長く働ける短大卒の方が仕事の教え甲斐があるし戦力にもなるという見方もあり、企業側も女子生徒は四大卒よりも短大卒から多く採用するといった事情もありました。

そのため、学歴家系図を検証する際は、この点に注意する必要があります。

高学歴の人が、「うちの母親は高卒なんだけど……」などと言っているケースをよく見ますが、実はその母親は大学には行っていないものの県トップの公立校を出ていたというケースは意外と多いのです。

今の50代以上の女性の実力を図るには、「最終学歴」よりも「高校のレベル」の方が適切であると言えるでしょう。

国内トップの東京大学も、戦争が終わった1945年まで女子学生を受け入れていなかったという事情もあり、戦後しばらくしても女子で大学に進学する者は非常に少数にとどまっていました。

1946年に入学した東大女子の一期生はわずか19人とのことで、当時の東大などでは女子学生は超絶マイノリティでした。東大で女子学生比率がやっと1割を超えたのは1987年。女子を受け入れ始めてから実に**41年**もの時間を要しました。

女子の大学進学率が上向き、男女で進学率に差がなくなっていくのは、「**男女雇用機会均等法**」が制定される1985年以降まで待たねばなりません。

1990年頃から女性の高学歴志向が強まり、四年制大学の法学部や経済学部、さらには理工系の学部で男子学生と肩を並べて学ぼうとする女性が増えていきます。1990年時点で約15%だった女子の四大進学率は、10年後には倍増して30%を超え、2023年ではおよそ55％と、男子とほぼ変わらない水準にまで上昇しました。

東大法学部↓大蔵省というコース

昭和（特に戦後〜バブル前夜あたり）の時代の**東京大学法学部**、ないしその入り口である**文科一類（通称「文一」）**の地位は今とは比較にならないほど高かったといいます。

東京大学法学部は明治政府が一刻も早く先進国に追いつくため、優秀な官僚を供給する目的で設立した官営学校がその前身です。

政界、官界、法曹界どこにおいても絶大な存在感を放っていましたが、特に「**東大法学部↓キャリア官僚**」というコースはこの頃の文系エリートの王道ルートでした。

法学部の優秀層には官僚でなくても司法試験を受けて法曹になる者も多く見られましたが、都市銀行や総合商社といった民間企業に就職する者は「ミンカン」と一括りにされ、キャリア官僚や弁護士になれなかった残念組という認識すらあったようです。

昭和25年（1950年）時点で見ると、高級官僚に占める東大卒の割合はなんと79％に及んでおり、さらに彼らのうち大部分が法学部卒でした。

さらに、同じ東大卒であるにもかかわらず経済学部卒は一段下とみなされ、各省の次官にはなれないという事情もありました。警視総監の場合、秦野章《はたのあきら》氏（日大卒）が就任するまでずっと東大法学部卒が並んでおり、「警視総監は東大法学部卒でないとダメだ。良いとか悪いとかの問題じゃない。それは不文律だ。だから、秦野の目はない」というのを耳にして、非常に悔しい思いをしたというエピソードが残っています。

当時、**「末は博士か大臣か」**というフレーズが流行ったほど、文系で優秀な子は学者か官僚になるものだという意識が一般的だった時代だと言えます。

東大卒がひしめく官僚組織の中でも、最も優秀な人が集まると言われていたのが**大蔵省（現・財務省）**です。大蔵省のキャリア組は、ほとんどが東大法学部卒で占められていたと言われています（今もほとんどが東大卒であることには変わりないですが）。四谷大塚や駿台の模試で全国1位を連発し、大学在学中に司法試験に首席合格してしまう受験天才の極致のような人たちが、この時期こぞって大蔵省に集結していたのです。なんと恐ろしい……。

大蔵省の秀才の中でも一際異彩を放っていたのは、**角谷正彦《かどたにまさひこ》さん**でしょう。角谷さんは全盛期の東京大学法学部を首席で卒業し、国家公務員採用上級試験（現・国家公務員採用総合職試験）トップ合格、旧司法試験トップ合格を果たしています。10年に1人と言われる「**三冠王**」のタイトル保持者であり、今でも伝説として語り継がれています。元大蔵官僚で現大学教授の高橋洋一《たかはしよういち》氏は角谷氏の部下として仕えていた経験があり、「東大数学科出身の私から見たら、ほとんどの文系官僚たちは大したことなかったが、あの人だけは格が違った」と話しています。

民間企業に目を向けてみても、この頃は上場企業の社長や役員の中に占める東大法学部出身者はトップの座を占めており、経団連の会長も東大法学部出身者が座るのが常でした。東大法学部生の間では「ミンカン」と呼ばれ軽んじられる民間企業においても、やはり絶大な地位を築いていたのです。

当時圧倒的な地位を築いていた東京大学文科一類の入学難度についても詳しく見ていきましょう。

東京大学では、入学時から進学する学部が決められているわけではありません。文系・理系それぞれ3つずつ設けられた科類（文科一類・二類・三類、理科一類・二類・三類）に進学し、2年次まで教養科目を幅広くおさめたあと、3年次より希望の学部に進む（2年次までの成績で決まる）というやや特殊な方式をとっています。とはいえ最初に入る科類によっておおよそ進学する学部は決まっているようなもので、文一は法学部、文二は経済学部、文三は文学部、理一は工学部、理二は農学部、理三は医学部にその多くが進学します。

当時の文系においては法学部が一番ブランドがあったため、法学部への門戸が広く設定された文一の地位も自ずと高くなっていたというわけです。

昭和後期には、文一と文二・文三との間には偏差値で言うと5～10程度の差があったと言われ、文一は圧倒的な地位に君臨していました。東大の文系入試で最も合否を左右する科目である数学では毎年4問出題されるのですが、当時文三は一問完答、文二は二問完答、文一は三問完答する必要があると言われていたそうです。

この頃の予備校のデータを見てみると、当時の東大文一合格者の高2時点の文理共通の数学の問題での平均点は京大理学部合格者のそれを上回っていることが確認できます。文系でありながら東大京大（医学部除く）の理系をも凌駕する数学力まで兼ね備えていたのです。

しかし現在、東大文系の合格最低点は文一、文二、文三の間で大差がなくなってしまいました。2021年入試では、なんと文二、文三の合格最低点を文一が下回ってしまうという、この世代の受験生からしたら信じられない事態が起こっています。

次章で詳しく言及しますが、要因としては法学部からの定番の進路である官僚が激務の割に稼げなくなり、弁護士もロースクール改革の失敗や供給過多による需要の減少があることなどから、以前ほど魅力のある職業ではなくなってしまったというのが大きいでしょう。

今の受験生は「東大ブランド」が手に入ればそれで良いと考え、科類はどこでも良いというホリエモン的傾向が強くなっているように見受けられます。

ちなみに、この時代の東大文一を受験した有名人に**岸田文雄**《きしだふみお》前首相がいます。

岸田首相は3度の東大受験に失敗し、早稲田大学法学部に進学しており、ネット上では「東大落ちたくせに」と叩かれていることも多いです。

たしかに岸田首相は東京大学文科一類の受験に失敗していますが、前述の通り全盛期の文一を受けているという点にご留意ください。当時の文一は圧倒的であり、不合格者でも文二や文三であれば受かっていたということは十分ありえるでしょう。

そういうわけなので、岸田首相を叩くのは大目に見てあげてほしいというのが正直なところです。

戦後の神童エピソード（鳩山邦夫、宮澤喜一）

第一章では戦前の神童エピソードを紹介しましたが、もちろん戦後にも天才は現れます。

鳩山邦夫《はとやまくにお》さん（1970年東大法学部卒）は個人的に推している天才の一人です。

そもそも鳩山家といえばとんでもない学歴エリート家系として知られており、なんと5代連続で東大生を輩出しています。

学者や政治家の家系で3代連続東大といった例はそこそこ見られますが、5代連続となるとかなりのレアケースでしょう。

名家揃いの政治家一族の中でも鳩山家は一際注目を集めており、『鳩山家の勉強法』という教育本が学習塾から出版されているほどです。

内閣総理大臣を2人も輩出した秀才揃いの鳩山家の中でも、とりわけ「受験天才」の才能が光っていたのは、鳩山由紀夫《はとやまゆきお》さんの弟である邦夫氏です。

邦夫氏は幼少期から神童と呼ばれ、数々の神童エピソードが語り継がれています。

そんな邦夫氏の神童エピソードをいくつかピックアップしてみました。

- 高校時代、駿台全国模試で全国1位連発
- 駿台模試初の現役生での全国トップとなり週刊誌から取材を受ける
- 東大法学部を首席で卒業（元都知事の舛添要一《ますぞえよういち》と首席争い）
- 写真記憶（カメラアイ）ができたと言われている
- 参考書を買ったことがない（立ち読みで覚えていた）
- 母親（鳩山安子《はとやまやすこ》）曰く、兄の由紀夫はしっかり勉強していたが、邦夫が勉強しているところは見たことがないとのこと
- 大臣時代、膨大な資料を一度流し読みしただけで完全に内容を理解・暗記し、重要部分には漏れなくチェックをつけていた
- 田中角栄から「君は官僚たちとは持っているものが違う。他人とは違うということを理解しなさい」と釘を刺される

挙げればキリがないですが、このような信じられないエピソードが多数残っています。法相時代など、過激な発言でたびたび物議を醸していましたが、それも天才ゆえのことだと考えると、なんだか憎めない感じがします。

それから、昭和を代表する学歴厨とも言われる**宮澤喜一《みやざわきいち》さん**にも触れないわけにはいきません。

宮澤喜一氏は東京帝大法学部から大蔵省に入って内閣総理大臣にまで上り詰め、「**日本一出世した学歴厨**」とも呼ばれる人物です。

高い英語力にも定評があり、サンフランシスコ講和会議には全権随員として参加しています。

ただ、政界きっての学歴厨であったことで知られており、早稲田大学卒の竹下登《たけしたのぼる》元総理に「貴方の時代の早稲田の商学部は無試験だったんですってね?」と煽ったというエピソードや、東京農業大学《とうきょうのうぎょうだいがく》出身の金丸信《かねまるしん》に対して、「偉い方ですよ。大学を出ているんですね。知っていました?」「そいつはお出来になりますなあ」と皮肉ったという話も語り継がれています。

東大法学部至上主義者であったことでも知られ、経済学部などの出身者には「ほう、近頃は法学部でなくても東大って言うんですか」と言い放ったというなんとも強烈なエピソードも残っていたりします。

ただ、宮澤氏のルーツは広島の農家であり、華やかな名門家庭の出身者が集まる政界の中でコンプレックスを感じていたという話もあります。学歴煽りはそのコンプレックスの裏返しだったのかもしれません。

昭和期の女性の受験天才も紹介したいと思います。

1970年頃、さいたま市立高砂《たかさご》小学校では、同校始まって以来の天才少女が現れたと話題になっていました。こちらの天才少女とはみなさんご存じ、今では政治家やコメンテーターとしてご活躍の**片山《かたやま》さつき**さんであります。彼女は当時から「神童」として近所ではちょっとした有名人だったようです。

彼女の華麗なる経歴を振り返ってみましょう。

片山氏は東京帝国大学の数学科を出た数学者・朝長康郎《ともながやすろう》の娘として生まれます。小学校時代は開校以来の受験天才だと持て囃され、当時首都圏の女子で最も難易度が高かった東京教育大学附属中学（現・筑波大学附属中学）に難なく合格・進学します。ここでもトップを独走し、全国模試でもたびたび1位を獲得するなど、神童ぶりを遺憾なく発揮します。

当時圧倒的な地位を誇った東京大学文科一類に現役合格し、進学します（同じ年に岸田首相も東大文一を受験しておりますが、儚く散っておられます）。卒業後、当時日本で最も優秀な人が集まると言われた大蔵省に入省し、配属された主税局調査課でも抜群の事務処理能力を発揮します。2004年には女性初となる主計局主計官に就任しています。まさに受験天才の極致でしょう。

面白いエピソードがあります。

先ほど取り上げた鳩山邦夫氏（高校の先輩後輩の関係でもあります）との異次元の受験天才トークです。まだ財務省の役人だった片山さつき氏と邦夫氏が受験の話になり、「先生は高校時代、全国模試で1位、1位、3位、1位だったそうですね」と片山氏が尋ねると、邦夫氏は満足そうに「そうだ」と答えます。すると片山氏が「私は1位、1位、1位、1位でした」と勝ち誇ったように言ったというのです。これに邦夫氏は「あの女はなんだ!」とご立腹だったということです（日刊ゲンダイ2010年3月18日号より）。

第三章

変わる教育と変わらない受験天才たち

本章では、平成・令和の受験事情・受験天才事情について記述していけたらと思います。
止まらない少子化の中で、受験を取り巻く環境は目まぐるしく変わっていますが、
変わらない部分も少なくないことがわかってきます。
近年の受験トピックをおさらいしながら、平成・令和の受験天才の消息を
追っていきたいと思います。

共通一次試験↓センター試験↓共通テスト

第二次ベビーブーム世代が大学入学世代となった1990年、「共通一次試験」は、「**センター試験**」に生まれ変わりました。

それまで実施されていた共通一次試験では、毎年のように制度が変わる、私立大学が参加できないなどの問題点が指摘されていました。センター試験の導入により、そうした問題の払拭が目指されたのです。

共通一次試験は、国公立大学と産業医科《さんぎょういか》大学への入学を志願する人を対象に行われており私大は対象外でしたが、センター試験はより広い受験者層を対象としたものに変わりました。

私立大学を含めた全大学が利用できるものとなり、その利用方法も科目を選択受験する「**アラカルト方式**」が解禁され、1科目受験も可能になりました。

共通一次試験が国公立大学受験生のための側面が強かったのに対し、センター試験をどのように使うかは私立大を含め大学に委ねられるようになったのです。

私立大学ではセンター試験の結果だけで合否が決まる「センター試験利用入試」や個別入試と併用して利用できる「センター試験併用入試」といった入試方式が多くの私立大学

で導入され、大学によっては1科目から利用できるところも出てきました。こうした事情から、「1日目の文系科目のみ受験する」といった受験生が続出することになります。

しかし、こちらの「自由化」は、「高等学校段階における基礎的な学習の達成の程度」の判定という統一試験の当初の目的を失わせてしまったという批判もありました。満遍のない科目の学習達成度の測定という本来あるべき機能は果たせなくなってしまったというわけです。

そして2021年より、30年続いたセンター試験は「**大学入学共通テスト**」に改称されました。

大学入学共通テストはセンター試験と比較して思考力や判断力、表現力を重視する問題が多く出題されるようになりました。センター試験が導入された1990年当時から社会は大きく変化し、未来が予測しにくくなり、時代に対応する思考力や判断力が求められる時代になりました。そこで大学入試においても、思考力や表現力を問う問題が多く出題されるようになったのです。

数学の試験時間はセンター試験と比較して長くなり（数学Ⅰ・Aは60分→70分）、問題文の読解力や思考力を必要とする問題が数多く出題されるようになりました。英語はリーディングとリスニングがそれぞれ100点ずつというTOEICのような形式に変わり、今までの文法や読解に寄ったスタイルから大幅に変わりました。こういった変化に伴い、センター試験と比較して対策が大変といった声がよく聞かれるようになります。

こうした負担の増加も一因となり、受験者数が年々減少するようになってきました。

私大バブルの到来

平成初期には、出生数が200万人を超えた「**団塊ジュニア世代**」とも呼ばれる第二次ベビーブーム世代(1971~1974年生まれ)が受験生世代となりました。当時は現在と比べて大学全体の定員や受験方式も限られていたことから大学受験(特に私大受験)は熾烈を極め、この時期は「私大バブル」と呼ばれています。

1990年代前半までの入試形態は、現在のように同大学同一学科を複数回受験できたり、総合型選抜(旧・AO入試)と併願できたりするわけではなく、希望学部の受験は基本的に学校推薦 or 一般入試一発勝負でした。

この時期には、現在では定員割れが起こり廃校が危惧されているような大学や短大ですら多くの受験生が殺到する事態となり、当時の予備校の偏差値表には今では考えられない数字が並んでいました。

難関私大に目を向けてみても、MARCH以上の大学入学者の半数以上が浪人生で、AO入試のような形式はもちろんありませんでした。完全に「学力のない者は去れ」のスタンスです。

当時は大学入試のあまりの厳しさから「**入りたい大学より入れる大学**」「**国易私難**」「**1浪と書いてひとなみと読む**」「**現役偶然、1浪当然、2浪平然、3浪で駄目なら短大または専門学校**」等のパワーフレーズが流行っていたほどです。一人の受験生が受験する大学は10校以上なのが一般的で、受験生の収容が追いつかず東京ドームを受験会場として使用する大学まであったそうです。

このように、受験生にとってあまりに過酷な競争環境を潜り抜ける必要があったため、そこそこ名の知れた進学校からでも希望に反して短大や専門学校に進学する者もいたといいます。

したがって、この時期は「大学生」という身分を手にした時点で一定の学力を有した「選ばれし者」という扱いをされていました。「**四大ブランド**」が機能していた最後の時代だと言えるでしょう。

私大バブル期の受験がいかに大変だったかをご理解いただくため、団塊ジュニア世代の中でも最も受験者数が多かった１９９２年と、30年後の２０２２年の私大の一般入試倍率を比較してみましょう（表３－１）。

若い世代では驚いている方も多いのではないでしょうか。今アラフィフのみなさんは懐かしさを感じておられることでしょう。

今では倍率が２倍を下回り、とても難関とは言えない大学学部であっても、この時期は**10倍を超える倍率**を誇っていたのです。そのため、今の50歳前後で首都圏の私大に入っているおじさんおばさんたちには敬意を払う必要があります。彼らは熾烈な戦いを潜り抜けている勇敢な戦士たちなのです。

予備校関係者は、30年前に日東駒専（日本大学・東洋大学《とうようだいがく》・駒澤大学《こまざわだいがく》・専修大学《せんしゅうだいがく》）クラスに一般受験で入学した人がタイムスリップして今受験すればＭＡＲＣＨはもちろん、早慶にすら手が届く可能性があると話していたりします。少子化によってそれほど競争が緩和

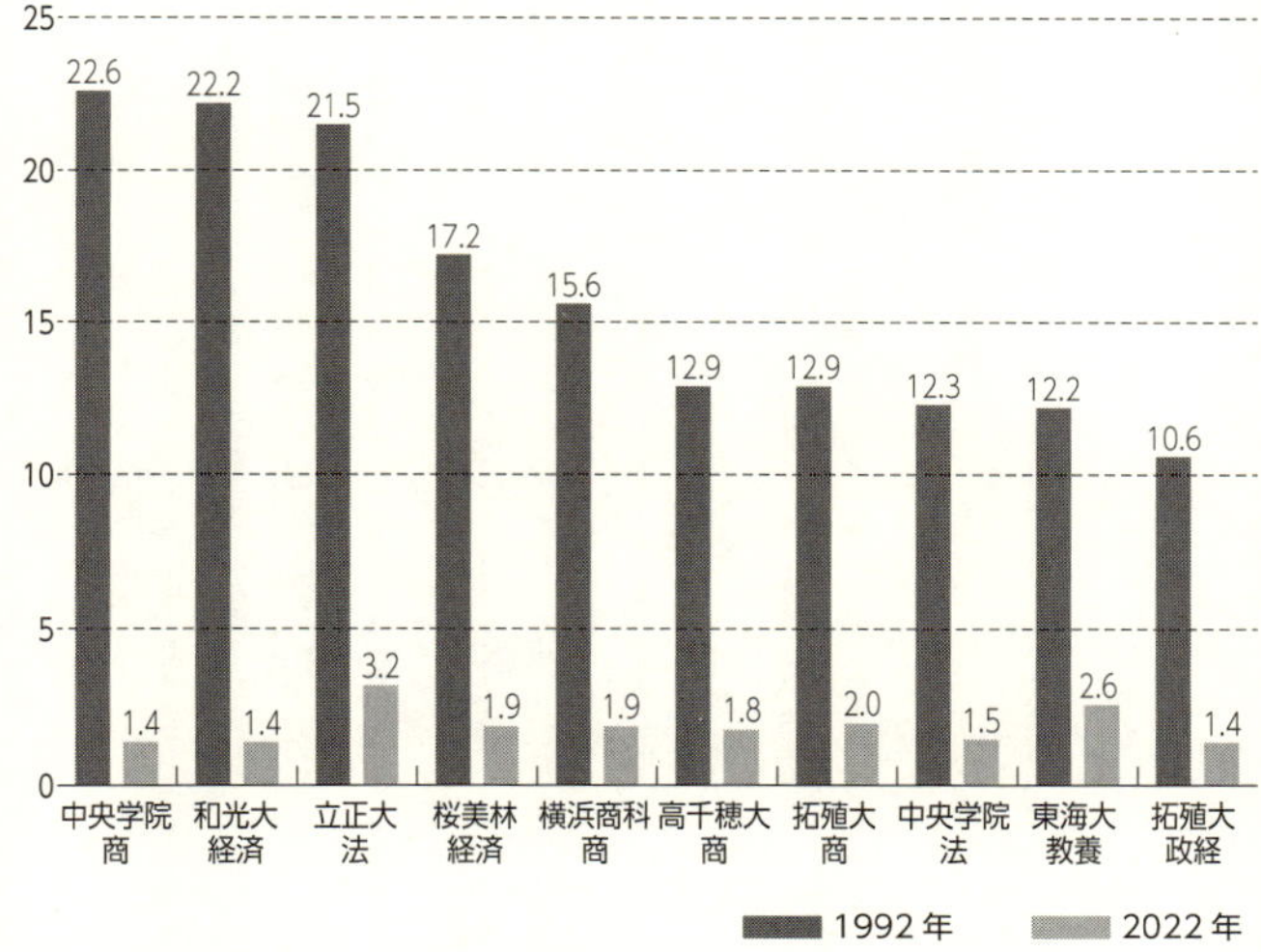

表3-1　私立大学入試倍率変化（1992年→2022年）

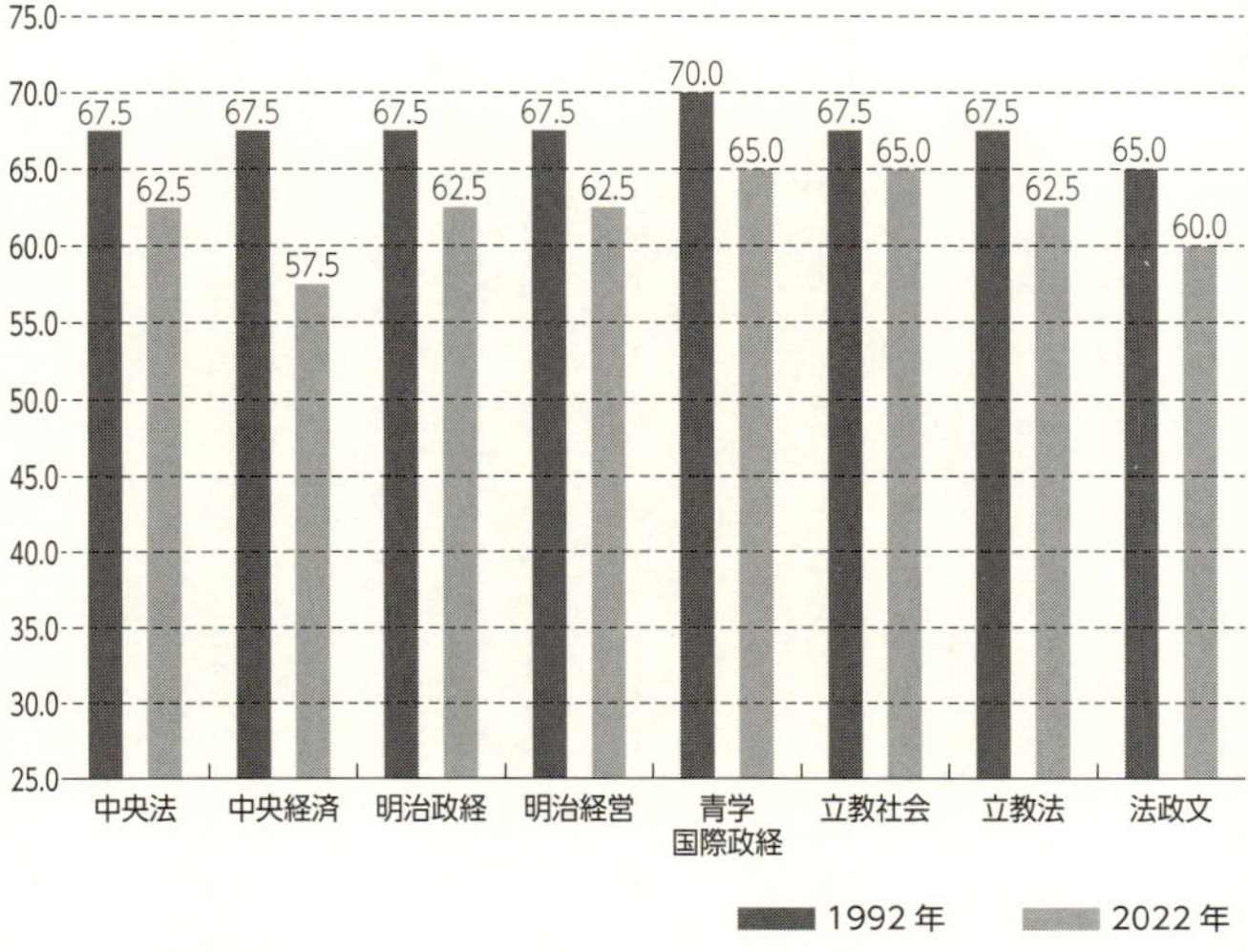

表3-2　MARCH各学部の河合塾偏差値推移（1992年→2022年）

されているのです。

入試倍率の次は入学難易度に目を向けてみましょう。

MARCHの河合塾偏差値の30年間での変化は以下のようになりました（表3－2）。私大バブル期当時と比較すると軒並み偏差値が下がっていることがわかります。学部によっては10程度もボーダーが下落しているところもあり、**当時は現在と比較してかなり難関だった**ことがわかるでしょう。この頃の早慶MARCH主要学部は合格者の70％程度が浪人生であり、さらに一般入試で入学する人が90％以上を占めていました。

熾烈な受験戦争を潜り抜けてきた今のアラフィフ世代は、今の状況（少子化による競争緩和、一般入学率は約半数）を目の当たりにして何を思っているのでしょうか。

ゆとり教育の実施

平成の時代を語る上で欠かせないのが、「**ゆとり教育**」の導入ではないでしょうか。

ゆとり教育は文部省が提唱した概念であり、「暗記ではなく、思考力を鍛える学習」「経験重視型の教育」というテーマのもと、学習時間を減らし、難しかった内容を簡単にして、ゆとりある教育にしようとした教育方針です。本格的に始まったのは2002年からで、2010年代初期まで約10年続きました。20世紀にはスタンダードだった土曜授業を廃止するなど、それまで行われていた「詰め込み型」の方針から大きく路線変更しました。

昭和に行われた詰め込み教育では膨大な知識の暗記が必要とされ、「新幹線授業」と呼ばれるほど進度の速い教育により落ちこぼれや不登校を増加させる事態になりました。こうした事態を反省し、提唱されたのがゆとり教育です。

ゆとり教育では生きる力を育むべく、従来の「知識を教え込む教育」から「問いを立てて答えを考える探求型の学習」への移行を目的としたものであり、1つ1つの教科を分けて学ぶのではなく、教科横断的に学び実践に結びつける力をつけることを目的としていました。「総合的な学習の時間」を通じてそれを行うことが進められましたが、現場の教員の裁量に任せる部分が大きかったため、うまくいく場合とそうでない場合が生じて混乱してしまうなどといったことも起こりました。

ゆとり教育はなぜ導入されたのでしょうか。私は社会が不透明化し、**勉強をすることが必ずしも正しいとは限らない**という共通認識が広がったからだと考えています。

1990年代にはバブルが崩壊して一生安泰と言われた大企業が相次いで破綻し、就職氷河期が到来して多くの大卒者が路頭に迷いました。こうした社会背景から「一生懸命勉強していい大学に入学すれば、大手企業に就職することができて、終身雇用にあり付ける。郊外に庭付きの一戸建ての家を建てて家族で幸せに暮らすことができる」というそれまでの「当たり前」が見事に否定され、「今までの詰め込み教育で学力を身につけたところで、本当に子供たちは幸せになれるのだろうか？」という考え方が広まったのではないでしょうか。

2000年以降、教育のゴールは多様化していくことになります。2010年代後半以降の「非認知能力ブーム」もその一つの発露ですが、今までのペーパーテスト至上主義的価値観が崩壊したことに伴って、「勉強ができれば子供は幸せになれる」という戦後ずっと続いてきた価値観が崩れることになったのではないかと考えています。この時期から一般入試で大学に入る人が年々減少し、**総合型選抜（旧・AO入試）**が台頭してきたのも同じ発想のような気がします。

しかし、ゆとり教育を導入してからOECD（経済協力開発機構）の「生徒の学習到達度調査（ＰＩＳＡ）」などの国際学力テストで順位を落とす（これにはさまざまな解釈があるが）など、学力低下が指摘されるようになります。

その結果、２００８年度以降に学習指導要領が見直され、詰め込み教育時代には及ばないものの学習内容は多く追加されるなど、「脱ゆとり」の方針に切り替わりました。結局ある程度負荷をかけないと学力の維持は難しいということでしょうか。

ちなみに、ゆとり教育が採用されたのはあくまで公立校に限った話であり、私立の中高一貫校などは影響を受けず独自のプログラムを採用できました。

実際２０００年代（リーマンショックが起こるまで）に中学受験の割合はかなり上昇しており、「公立がヌルいんだからうちの子は私立に行かせなければ」という意向のご家庭が少なくなかったことが想像されます。

日能研の代表はこの事態に便乗し、「**ゆとり教育では円周率を3と教える。そのような公立教育に子供を任せても良いのか**」といったキャンペーンを張り、それに不安を覚えた親子の多くが中学受験に向かいました。中学受験界はゆとり教育に乗じて顧客獲得に成功したのです。

首都圏の高校のこの時期の進学実績を見ても、現在と比較して私立中高一貫校が強いことがわかります。今では日比谷高校や神奈川《かながわ》県立《けんりつ》横浜《よこはま》翠嵐《すいらん》高等学校《こうとうがっこう》といった共学の進学校も顔を覗かせますが、２０００年代の東大合格者ランキングＴＯＰ10には公立高校の姿が見られません。

医学部入試の難化

平成の受験情勢を語る上で欠かせないのが、**「私立医学部の大幅難化」**でしょう。国公立の医学部は、昭和の時代からかなりの難関ではありましたが、平成の時代となり、私立医大がかつてないほどに難しくなりました。

１９８０年代以前の私立医大は、「勉強が得意でないお金持ちが行く学校」とも言われており、開業医を含む一部高所得者の子息しか入学できないある種の規制市場となっていたおかげで競争が激しくありませんでした。バブル期に大金を手にした建設業の成金社長たちが、自身の子供たちを低偏差値の私立医大に入れるという事例も多かったといいます。

１９８５年の私立医大の河合塾偏差値を見てみると、偏差値50を下回る学校も珍しくなく（慶應義塾大学医学部などは当時から超難関ですが）、今の歯学部のような様相を呈しています。

しかし、その構図は90年代以降に一変し、**私立医大の高偏差値化**が起こります（表３－３）。

要因としては、２０００年代の私立大学の学費値下げ、就職氷河期で大企業への就職が難しくなり医学部志向が高まったことなどが挙げられるでしょう。

医師の給与の源泉となる医療費は年々着実に伸びてきており、就職氷河期やリーマンショックといった経済不安の負の影響を受けづらいという事情もあるようです。

当時、私立医学部の中でも比較的簡単だと言われていた川崎《かわさき》医科《いか》大学《だいがく》や愛知《あいち》医科《いか》大学《だいがく》であっても、現在の河合塾の偏差値ボーダーは60を超えており、早慶の理工系学部などと遜色ない難易度となって

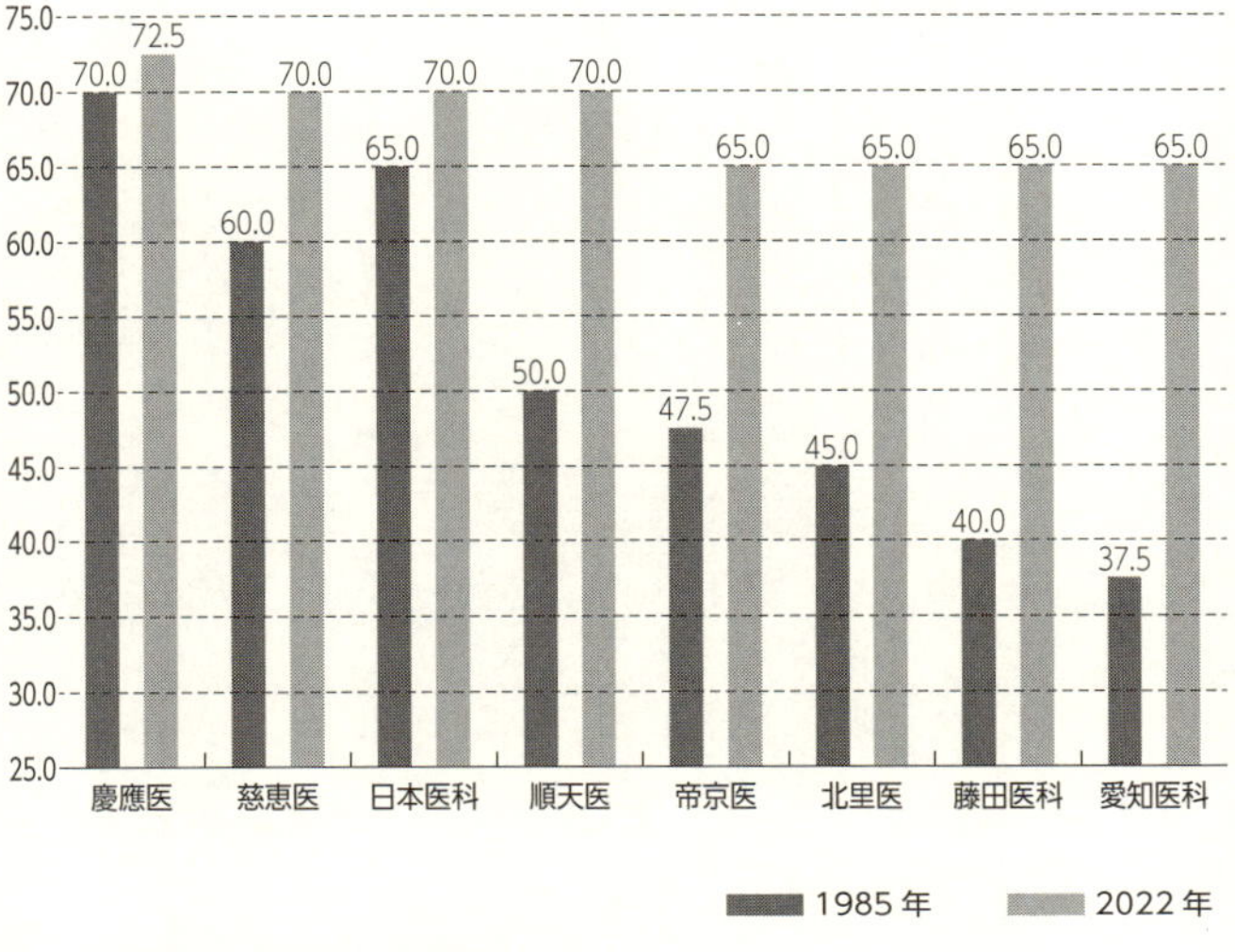

表3-3　私大医学部の河合塾偏差値（1985年→2022年）

います。お金の力だけで医学部に入ることは、もはや当たり前ではなくなりました。私立医学部志願者は2014年についに10万人を突破し、10倍、20倍の倍率は当たり前になり競争は激しさを増すばかりです。

ただ、お金の力ではなく学力による選抜が先鋭化しているのは良い傾向だと見ることもできます。

1970年代にノーベル経済学賞に最も近いと言われた経済学者の宇沢弘文《うざわひろふみ》氏が「16の私立大学医学部の入学者を調査したところ、裏金で入学した者は65%いた。また、裏金の平均額は600万円（現在の価値で2000万円）に上った」と指摘し、当時の医師が一部の高所得者の子息にのみ開かれた職業であったことの問題点を指摘しています。

しかし、そうした一部の特権階級が裏金などで入学する風潮は過去のものとなり、基本的には実力をつけた者が報われる「高偏差値化」が起こったのは良い傾向なのではないでしょうか。こうした優秀な受験生が医師になるようになれば、医療の質も上がってくるのではないかと考えています。

止まらない大学増と大学全入時代

私大バブル期は、受験生人口に対して大学の募集枠が少なく、「入りたい大学より入れる大学」とすら言われていましたが、平成・令和の時代になると状況が一変します。

少子化で受験生人口が頭打ちになるのは目に見えているにもかかわらず、大学の新設が相次ぎ、受験者数を大学定員が上回る「**大学全入時代**」が到来したのです。

今や学力選抜（一般入試）で一定以上の学力を持つ学生を確保できるのは、国立大学と一部の私大のみではないでしょうか。学生を「選べる」のはギリギリ日東駒専レベルまでで、それより下がってしまうと、「学生に来ていただく」ための入試となり、事実上形骸化しているというのが現状でしょう。

文部科学省はこの30年、**大学の新設**を次々と認可してきました。

第二次ベビーブーム（1971年～1974年）以降、日本の出生数は減少の一途を辿り、少子化が進んでいくのは目に見えていたのに、そんな流れに逆行するかのように大学の数は増えていきました。2024年現在では約800の四年制大学が存在しています。

1989年（平成元年）の大学数は499校でしたが、2023年には810校となっているので、平成から令和の30年あまりで約300校が新たに開校したことになります（年間10校ペース）。

こうした大学乱立の主因として、「**大卒資格**」の需要が急激に増加したことが挙げられるでしょう。

給料が高く、安定した会社に勤めるためには、「大卒であること」が必要であるという共通認識が生まれ、平成以降に大学入学の同調圧力が一気に高まったと言われています。

企業側も積極的に大卒者を求めるようになり、大学の本来の目的から乖離した「就職予備校」としての機能が大学に求められるようになっていきます。実際、私が以前勤めていたM銀行もそうでしたが、大企業のエントリー欄は四年制大学卒業見込み者でないと入れないところがほとんどです。

こうした民間企業側の動きもあって、大学であればどこでも良いと考える層も一定数発生してしまい、名前を書けば入れると言われる「**Fランク大学**」の乱立を招きました。大学によっては、入学後に分数や漢字の書き取りのおさらいテストを20歳前後の学生にさせるところもあるようです。これでは一体なんのための大学なのかわからないですし、こうした「とりあえず四大」派の人は専門学校などで手に職をつけた方が良いと感じるのは私だけでしょうか。

とはいえ、「大学進学者数」に目を向けてみると、ここ数十年で減っているどころか徐々に増えていることがわかります。

子供の数が減っているのにしばらく大学進学者数が伸び続けていた理由は、ズバリ「**女子進学率の大幅上昇**」です。

以前は女性は家庭を守るものという共通認識があり、女子は学歴などつけず高卒や短大を卒業して社会に出て、何年かすれば寿退社をして専業主婦になるというのがお決まりのルートでした（私の母もまさにこのルートです）。

しかし、男女共同参画社会に向けて男女雇用機会均等法が施行され、1990年代半ば以降、女子のキャリア志向に変化が生まれ始めます。女性であっても学歴をつけて男性と対等に働こうという社会の流れが生まれ始めたのです。

こうした流れを受けて、短大で家政学や文学などを学んでいた学生が、四年制大学に進むケースが増え始めました。短大はそこから約25年で250校以上減少し、その分だけ女子の四年制大学進学者が増加しました。以前は男子学生がメインであった社会科学系、理工系などの分野においても、女子学生数の上昇が目立ち始めました。

つまり、ここ数十年は同世代人口の減少を女子の大学進学率の増加によって補い、「見かけの大学進学者数」を保ってきたという実情があります。

ただ、現在では男女で大学進学率にほとんど差がなくなってきており、大学進学率はこのまま頭打ちとなり、受験者数は同世代人口の減少に対応して減っていくはずです。今後、定員割れとなる大学はみるみる増えていくことが予想されます。

実際、近年ではボーダーフリーで名前を書けば入れるとも言われる「Fランク大学」の増加が問題視されるようになってきています。大学に入ること自体は誰でも可能となり、昭和の時代に重宝されていた「四大ブランド」はすっかり威光をなくしてしまったのです。

その結果、現在はなんと私立大学の5割強が定員割れという由々しき事態が起こっています。

2023年8月に日本私立学校振興・共済事業団が発表したデータによると、集計した4年制などの私立大学600校のうち、定員割れの学校は前年比37校増の320校に上り、全体の53・3%を占めることが明らかになりました。私立短大に至っては、276校のうち254校が定員割れとなり、全体の92・0%を占めるまでになっています。

定員割れの大学が半数を超えたのは1999年度の調査以来初めてということです。2023年、18歳人口が前年比で2万4000人程度減少した一方で、入学定員は大学や学部の新設などによって4700人程度増加しています。

地方の私立大学に学生が集まらず、「**私立大学の公立化**」という苦肉の策も近年地方で実施されるようになったりしています。特に地方の私大の過疎化は深刻で、近年では首都圏や関西の人気私大の入学定員の厳格化が進められ、地方受験生の大都市への流入を抑えて地元の大学に止めようとする強硬策が実施されるほどです。

しかし、そうした政策で地方の不人気大に学生が集まるわけもなく、今後地方の大学にとって冬の時代が続くと見られています。

学歴神話の崩壊

いまだに日本人の学歴信仰は根強いですが、昭和の時代と比較するといくらか弱まっているように見受けられます。その理由として、日本社会が必ずしも学歴があれば報われる社会とは言えなくなってきているという背景があります。

1960年代の高度経済成長期には、一度大企業に入社さえしてしまえば、終身雇用制のもとで事実上一生安泰という状況になっていました。そのため、良い企業に「就社」するための切符としての「学歴」が重要視されることになっていたのです。

しかし、1990年代以降にバブル崩壊、リーマンショックなどを経験したことで、高学歴になって大企業に入れば将来安泰とは言っていられなくなりました。

欧米のような成果主義・能力主義型の企業も増え、学歴にあぐらを掻いて窓際社員を謳歌していれば、年収1000万円が確約されていた時代は過去のものになろうとしています。

それこそ、以前は「四大卒」というだけでブランドになったところが、現在ではボーダーフリーの「Fランク大学」が乱立する事態となり、四年制大学を卒業したというだけでは全く価値を見出せない時代になってしまいました。むしろ、一定のライン以下の四大に行くくらいなら、高校卒業後そのまま社会に出たり、専門学校などで簿記やプログラミング等を学んで手に職をつけたりした方が良いのではないかと感じます。

実際、難関大学と言われる大学を出ても、特に文系などは就職活動に失敗し、ニートやフリーターといったワーキングプアに陥ってしまう人も少なくなくなりました。

私が以前副店長を務めていたイベントバーでは、高学歴フリーターのような人たちの憩いの場と化しており、そうした人たちの苦境を数多く目にしてきました。

特に文系においては、コミュニケーション能力や社会性などが伴っていないとたとえ高学歴であっても民間就職は厳しく、そうしたところからこぼれ落ちてしまって浮上できなくなってしまっている人たちはかなり多いのです。

ただ、学歴があれば必ずしも報われるとは言えなくなってきているものの、依然として学歴至上主義的な価値観は蔓延しています。

Xなどを見ていると、「偏差値が高い大学の方が偉い」「一般入試受験者が偉い」といった主張が今でも多く見られます。

学歴がキャリアに関係なくなってきているとはいえ、学歴というのは人生における大一番の結果であり、個々人の思い入れが最も大きいものの一つになっています。学歴至上主義的な価値観は、当面消えることはないでしょう。

年内入試（総合型選抜、学校推薦型選抜）の隆盛

今や珍しくなくなった**総合型選抜入試（旧・AO入試）**が初めて導入されたのは、平成初期の1992年のことでした。

AOとは、Admissions Office（アドミッションズ・オフィス）の略で、各学校の入学選考事務局を指しますが、評価の基準になるのは学校、学部・学科が提示するアドミッション・ポリシー（受け入れ方針）に基づいた「期待する人物像」に合致しているかどうかです。学力によらず、その学校、学部・学科で学びたいという学習意欲や学校への適性、各々の個性などを多面的に評価するアメリカ型の選抜方式で、日本の就職活動に近いような印象を受けます。

このAO入試は2021年（令和3年）4月の入学対象の試験から名称が「**総合型選抜**」へと変更され、選考では「知識・技能」「思考力・判断力・表現力」「主体性・多様性・協働性」という「学力の3要素」が評価されるスタイルになりました。

日本で初めてAO入試を導入したのは1990年、慶應義塾大学湘南藤沢キャンパス（SFC）の総合政策学部・環境情報学部でした。

結果的に、SFCのAO入試導入は大成功だったと言われています。問題意識を持った個性的な学生を多く採用でき、さらに当時は大学での成績もAO入学者が一般入学者のそれを大きく上回っていたといいます。SFC全体の成績優秀者上位50人のうち、なんと3分の2がAO入学者だったとか。

こちらのSFCのAO入試導入のニュースは当時のマスコミがこぞって取り上げ、たちまち注目の的となりました。

このニュースに刺激され、2000年以降全国の大学で爆発的にAO入学者が増えていくことになります。

しかし、その拡充とともにAOの本来の意味が失われるようになっていきます。

少子化の時代、偏差値50以下の大学は一般入試だけでは人が集まらず、推薦・AOで学生数を埋め合わせなければ経営が成り立たない状態になりました。年内に学生を囲い込みたいという大学側の意向によって、「無試験・学力不問」という甘い汁を求めて集まってきた受験生を捕獲しているというわけです。

こうした事情もあり、ＡＯは「学力低下の元凶」とまで叫ばれるようになります。

とはいえ、早稲田大学や東北大学では一般入学組よりもＡＯ組の方がＧＰＡ（学内の成績）が高いといった声もあり、一概に評価するのは難しい現状があります。

さらに、総合型選抜入試（旧・ＡＯ入試）で求められる「**体験**」は、経済的に裕福な家庭にしか認められないものではないかという指摘もあります。

幼少期からさまざまな国に居住経験がある早稲田大学卒の社会起業家・平原《ひらはら》依文《いぶん》さんが、「学歴中心の履歴書から経験重視の履歴書へ」と発言して炎上したのはみなさん記憶に新しいのではないでしょうか。

総合型選抜で有利となる「活動実績」を作るために海外ボランティアに参加したり、NPO法人の設立に携わったりするなどいろいろな経験ができるパッケージツアーのようなものに裕福な家庭の子供が参加しているケースが近年目立つようになりました。

こうしたものには当然一定以上の経済力が必要になり、「経験重視の履歴書」を書けるようにするためには、どうしても家庭環境や居住地域などの要因が大きく関わってしまうものと考えられます。

そのため、経験重視の入試・就活がこれ以上拡大すると「**階層の固定化**」に繋がるといった声もあり、賛否両論があります。

ちなみに、総合型選抜（旧・AO入試）、学校推薦型選抜（指定校推薦）といった年内に合否が決まる「年内入試」を利用する受験生が2023年に初めて一般入学者を上回りました。**大学入試は「全く違うゲーム」になりつつある**のです。

今後もこの流れは止まらず、あと10年もすれば総合型選抜・学校推薦型選抜を突破して大学に入学する人が圧倒的多数派になると見ています。

有名私大では特にこの傾向が顕著であり、なんと早稲田大学では2026年までに推薦入試の割合を全体の6割にまで引き上げることを目標としています。

推薦入試といっても内情はさまざまで、例えば早稲田大学社会科学部の全国自己推薦入学試験などはかなりユニークなことで有名です。

北海道・東北ブロック
北関東・甲信越ブロック
南関東ブロック
東海・北陸ブロック
関西ブロック
中国・四国ブロック
九州・沖縄ブロック

このように**地方ごとに入学枠が設けられており、各地域ブロックから5名程度の合格者を出す**ことになっています。つまり、居住地が地方であればあるほど入学に有利（ライバルが少なくなるため）な仕様になっているのです。

大学の中には「都会と地方の教育格差是正」という使命を掲げているところも多く、こうした「地方優遇」の入試形態もあったりします。

しかも、これは私立大学に限った話ではなく、なんと**国公立大学でも総合型選抜・学校**

推薦型選抜の枠を増やしているのです。旧帝大の一角である東北大学は、なんといずれは学生全員を総合型選抜で取りたいと公表しています。

日本最高峰の東京大学でも2016年より後期入試を廃止し、ついに推薦入試を導入したことで話題を呼びました。

東京大学では、本来であれば2年間の前期課程（教養課程）を終えたあとに後期課程2年間の学部を選択するのですが、推薦入試利用者は入学の時点で志望学部を決定できるという特徴があります。

東大の推薦入試は書類選考、面接試験、大学入学共通テストの結果によって合否が決まり、一般受験との併願も可能なのです。

近年の東大一般入試の二次試験は高度な受験テクニックが必要となってきており、鉄緑会などに通う首都圏の中高一貫出身者が合格者の多くの割合を占めるようになってきています。

そのため、活動実績や面接、地方でも比較的対策が容易である共通テストの結果で合否が決まる推薦入試の導入は、地方の優秀な受験生にとって大きなチャンスとなったことでしょう（実際地方公立校からの推薦入試合格者は多い）。

さらに、なんと**大学入学共通テストの受験不要でOK**の国立大学も出てきています。例えば、名古屋大学文学部の学校推薦型選抜では、大学入学共通テスト（学力選抜）なしで受験することが可能になっています。

この入試の第一次選考は書類審査となっており、第二次選考では小論文と面接が実施され、それで合否が決まります。まるで就職試験のような風情ですね。

実際この枠では愛知県立の偏差値40代前半の高校からの合格者が出ていたりします。「旧帝大といえば5教科7科目受験」という常識は過去のものになろうとしているのです。今後はますます、この傾向に拍車がかかっていくでしょう。

こうした流れを受けて、Xの学歴界隈は凄まじい勢いで荒れています。

ペーパーテストこそ唯一公平な入試制度と信じて疑わない彼らは、一般入試離れが加速する現状を受けて今日も悲痛な叫びをあげているのです。

大学入試の新ルールが受け入れられるまでには、まだまだ時間がかかりそうです。

女子大の時代の終焉

２０２４年度より、恵泉女学園大学《けいせんじょがくえんだいがく》が学生募集を停止することを正式に表明しました。入学者の定員割れが続き、大学部門の金融資産を確保・維持することが困難になったことが理由だといいます。

こうした**女子大の募集停止**のニュースは、今や日常茶飯事となりました。女子大の志願者数は平成に入ってから低下の一途を辿り、首都圏の「御三家」と呼ばれる名門女子大（津田塾《つだじゅく》・東京 女子《とうきょうじょし》・日本女子《にほんじょし》）であっても近年大きく志願者を減らしています。

それに伴い、入学ボーダーも低下しています。

女子大の今の入学偏差値を30年前と比較するとこのようになっています（表３－４）。

びっくりされている方も多いのではないでしょうか。女子大のレベルは30年でここまで下がってしまったのです。かつて名門女子大として名を馳せた学校も、大東亜帝国（大東《だいとう》文化《ぶんか》大学《だいがく》・東海大学《とうかいだいがく》・亜細亜《あじあ》大学《だいがく》・帝京 大学《ていきょうだいがく》・国士《こくし》舘大学《かんだいがく》）～日東駒専下位レベルにまで落ちてきてしまっています。

さらに、女子大と似た性質を持つ女子短大も続々と学生募集を停止しています。近年の募集停止状況はこのようになっています（表3－5）。

かつて「下手な四大に行くより良い」と言われていた名門短大が次々と学生募集を停止しています。Xでこの事実をポストしたところ、「信じられない」といったアラフォー以上の世代からの声が相次ぎ、1万近くの「いいね」がつきました。

この流れは、以前はよく見られた「女子大・有名短大↓大企業一般職↓寿退社↓専業主婦」というコースが事実上消滅したことも無関係ではなさそうです。

かつてこれらの女子大に行っていた層は、今ではMARCHクラスの共学に流れているようです。

青山学院大学《あおやまがくいんだいがく》や立教大学《りっきょうだいがく》の女子学生数が男子学生数を2023年に上回りましたが、これもかつて女子大や短大に行っていた層が流れてきたと考えるのが自然でしょう。時代の流れなのでしょうが、少し寂しい気もしますね。

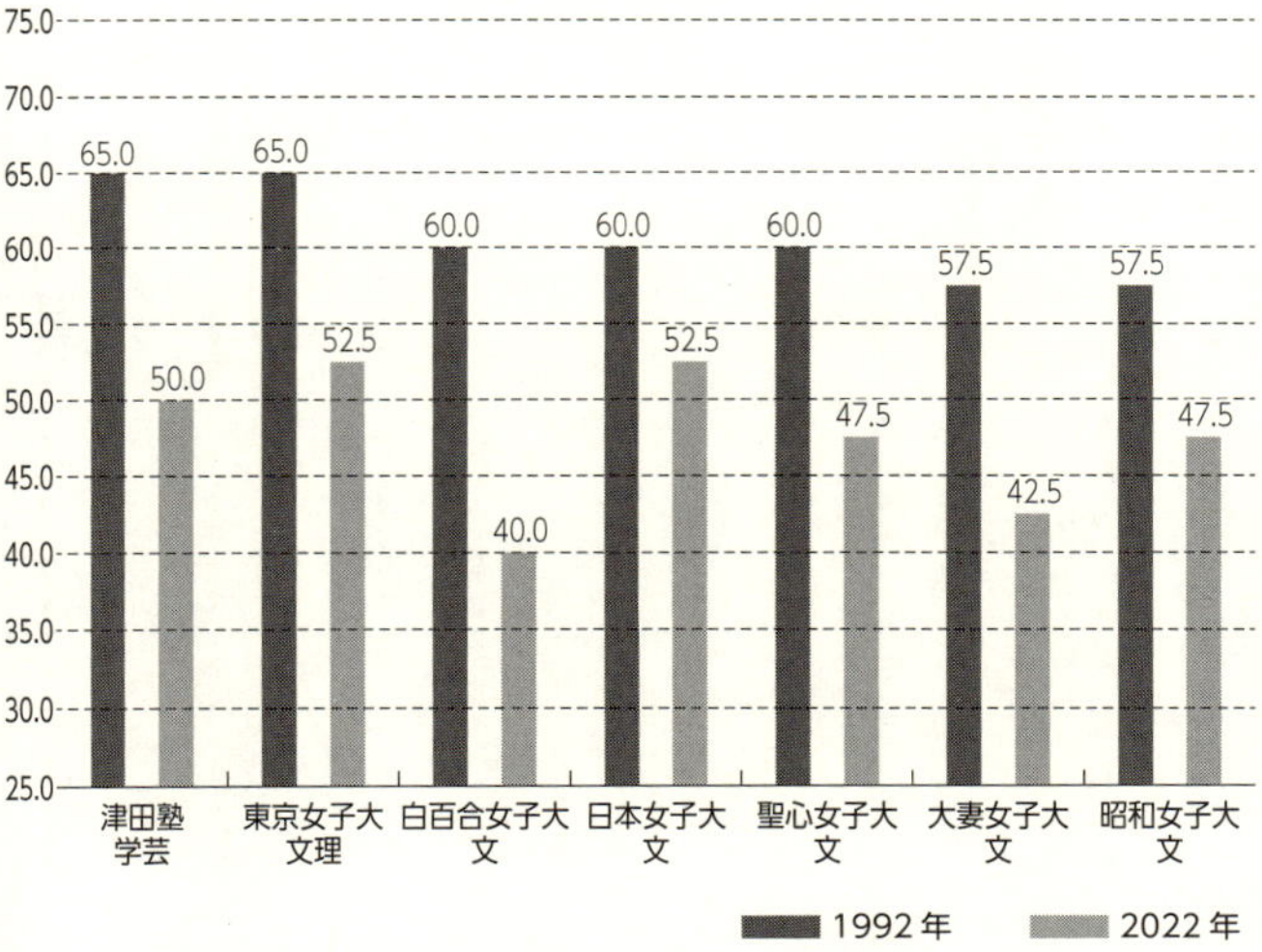

表3-4　首都圏女子大主要学部の河合塾偏差値推移（1992年→2022年）

1998年	学習院女子短大募集停止
2006年	明治短大募集停止
2008年	山脇学園短大募集停止
2018年	立教女学院短大募集停止
2019年	青山学院短大募集停止
2025年	上智短大募集停止

表3-5　おもな女子短期大学の募集停止状況

平成・令和の受験天才

戦前、昭和期の受験と受験天才を振り返ってきましたが、受験天才は当然平成・令和の時代にも現れます。

令和の受験生世代に「受験天才といえば？」という質問を投げかけて、最も名前が挙がるのはクイズ番組「最強の頭脳 日本一決定戦！ 頭脳王」で一躍有名になった**河野《こうの》玄斗《げんと》さん**ではないでしょうか。

河野さんは現役で日本最難関の東大理三に合格し、司法（予備）試験、医師国家試験、公認会計士試験という三大難関資格を全て一発でクリアしたことでも大きな話題となりました。今、日本で最もペーパーテストに強いのは彼だろうという声もよく聞かれます。

勉強だけではなくルックスにも恵まれ、東大時代にはジュノン・スーパーボーイ・コンテストで「ベスト30」に選出されています。「天は二物を与えず」の原則をあっさりと覆しています。

東大卒業後は、医師や弁護士といった道には進まず、現在は実業家・教育系 YouTuber として活動しています。YouTube の登録者数は先日100万人を達成しており、インフルエンサーとしても圧巻の結果を残しています。現在は株式会社StardyのCEOを務め、2022年には「河野塾ISM」を開校。授業動画コンテンツを中心としたオンライン塾事業の展開をしています。昭和の時代までは、受験天才がエンタメの領域に進出することはあまり見られませんでしたので、新しい向きを感じます。河野氏に限らず、令和の時代になると、東大理三に上位の成績で受かるような人材が何人も表舞台（YouTube、Xが多い）に登場するようになりました。

こうした流れを受けて、受験生が以前に比べて東大生を身近に感じてしまい、「なんとなく行けそう」と勘違いしてしまう事象も見られるようになりました。私はこれを「東大のライト化」と勝手に呼んでいます。

親しみやすい東大生を身近に感じるのは良いですが、彼らの大多数が非凡な才能と圧倒的な努力でその肩書を手にしたのだという点は肝に銘じておくべきでしょう。

平成の受験天才としては、法学博士の**山口真由さん**を取り上げたいと思います。彼女の場合は受験天才というより「受験秀才」と言った方が適切かもしれません。彼女は才能に恵まれた上で、常軌を逸した努力で輝かしい実績を摑み取った印象があります。

山口さんは北海道で医師の娘として生まれ、中学までは地元の公立に通い、高校から上京して都内屈指の進学校・筑波大学附属高校に入学します。中学3年時に受験した模試で全国1位を獲得したことで、その模試を主催する塾から東京の高校を受験しないかと勧められたことが上京のきっかけとなります。

高校でもトップクラスの成績をキープし、現役で東京大学文科一類に入学します。東大入学後も彼女の勢いは止まりません。法学部3年次に旧司法試験に合格し、4年時に国家公務員採用I種試験（現・国家公務員採用総合職試験）に上位合格。東大時代は全ての履修科目で「優」を獲得する「全優」で通し、「法学部における学業成績優秀者」として東京大学総長賞を受賞しています。

彼女の勉強エピソードは目を見張るものばかりです。

司法試験直前期は3時間睡眠で1日19時間半机に向かっていたといい、眠気覚ましのために氷バケツに足を突っ込みながら勉強していたそうです。勉強のしすぎで「蛍の光」の幻聴が聞こえてきたという狂気のエピソードも残っています。

実は先日とあるネット番組で山口さんと共演したのですが、そのときの印象は可愛らしいお母さんという感じだったので、その柔和な立ち居振る舞いと過激なエピソードとのギャップに驚いてしまいました。

平成の天才としてもう一人、数学者の**長尾健太郎《ながおけんたろう》氏**を取り上げたいと思います。簡単に長尾さんの生き様を振り返っていきましょう。

1982年、医師の父のもとに生まれた長尾さんは幼少の頃から神童と呼ばれており、中学受験を経て開成中学に入学します。

長尾さんの数学の才能は、天才がひしめく開成高校の中でも一際目立っており、なんと在学中に国際数学オリンピックで3年連続金メダルを獲得しています。さらに囲碁国際大会の日本代表にも選出されており、こちらも天は二物を与えずという言説を覆しています。

開成卒業後は東大に入学し、理学部数学科を卒業、京都大学大学院理学研究科・数理解析専攻の修士及び博士課程を修了しています。数学界で功績を残すだろうと誰もが疑いませんでした。

しかし、全世界が活躍を期待する中、悲劇が訪れます。

2013年、1000万人に数人しか発症しないと言われる難病・「胞巣状軟部肉腫」が原因で、31歳の若さでこの世を去ることになってしまったのです。

胞巣状軟部肉腫は中学生の頃から発症しており、長くは生きられない覚悟で数学の研究に人一倍没頭していたと伝わっています。

彼の偉業を讃え、２０１４年に算数オリンピックに「**長尾賞**」が創設されました。

闘病生活を送っていた長尾さんは、囲碁を通して知り合い高校時代から親しかった女性と両親の反対を押し切って結婚しています。華奈《かな》さんは慶應義塾大学囲碁部出身で、石川《いしかわ》県立金沢泉《けんりつかなざわいずみ》丘高等学校《がおかこうとうがっこう》時代には全国高校囲碁選手権大会で全国7位となった、こちらも大変優秀な女性です。亡くなる3年前には子宝にも恵まれており、息子さんも囲碁の道に進んでいます。

息子さんは、囲碁の北信越地区石川大会で連覇するなど、大変優秀な成績を収めているようです。お父様は数学界の傑物でしたが、ご子息も将来の囲碁界を担う人材になるかも知れませんね。

第三章では、平成・令和の受験ニュースや、受験天才たちを追っていきました。

受験制度や入試方式が大幅に変わり、少子化などの外部要因によって大学の勢力図も昭和以前とは様変わりしました。しかし、トップオブトップの受験天才たちの威光はいつの時代も健在だと感じます。

「受験天才」たちは古今東西いつの時代にも姿を現し、その非凡な頭脳で我々凡人を魅了してくれているのです。

『受験はワンダーランドなのか、ディストピアなのか』

特別鼎談

宇佐美典也×西岡壱誠×じゅそうけん

宇佐美典也　**制度アナリスト**

1981年生まれ。東京大学経済学部卒業後、経済産業省に入省し、企業立地促進政策などに携わる。在職中に「三十路の官僚のブログ」で注目を集める。新エネルギー・産業技術総合開発機構で電機・IT分野の国家プロジェクトの立案およびマネジメントを担当したのち2012年に退職。太陽光発電などの再生エネルギーについてのコンサルティングを展開し、制度アナリストとして著述活動・メディア出演を行っている。

西岡壱誠　**東大生作家**

1996年生まれ。偏差値35から東大を目指すも、現役・一浪と2年連続で不合格。崖っぷちの状況で開発した「思考法」「読書術」「作文術」で偏差値70、東大模試で全国4位になり、東大合格を果たす。そのノウハウを全国の学生や学校の教師たちに伝えるため、株式会社カルペ・ディエムを設立し、代表に就任。全国で「リアルドラゴン桜プロジェクト」を実施するほか、教育分野でのコンサルティングに取り組んでいる。

じゅそうけん　この度は、宇佐美典也《うさみのりや》さんと西岡壱誠《にしおかいっせい》さんのお二人をお招きいたしました。この新書では「受験天才列伝」と題して、受験という仕組みが「どこからやってきたのか」を問うているのですが、その上で、歴史ではみえないリアルな現在のことや、これからの受験や受験天才が「どこへいくのか」という未来のことを探っていきたいと思います。

宇佐美典也さんは、東京大学経済学部を卒業後、経済産業省入省。2012年に退職され、制度アナリスト・著述家としてご活躍されています。以前私のXのポストをリポストしていただいたのを目にして、以来、ぜひお話を伺いたいと願っていました。

宇佐美典也（以下、宇佐美）　はじめまして。じゅそうけんさんのアカウントはいつも拝見しています！　自分の子どもが小学校に入って、やはり中学受験をさせてみようかなと考え始めた頃合いで、じゅそうけんさんのアカウントに辿りつきました。いまの受験事情を短くまとめているというアカウントのなかでは、じゅそうけんさんが一番分かりやすいと思います。受験は親の情報戦という側面もありますよね。その判断の「基礎」となる受験情報を一個のメディアとして真剣に発信していらっしゃいます。

じゅそうけん　ありがとうございます！　私の情報発信は、8割から9割は真面目というのを心がけています。掘れば掘るほど暗い話が出てくるのが受験の世界。だからこそ笑いどころも盛り込んで、というのが私のモットーです。今回、東大と中央省庁を経験された宇佐美さんならではの受験トークをお聞かせいただけるのではと、わくわくしています。

そして西岡壱誠さん。西岡さんは偏差値35からの東大受験で培った「独学術」で、まさに『ドラゴン桜』をリアルで体現されています。受験界のトレンドの最先端にいらしていて、東大受験の事情に限らず受験の今を探究されている第一人者です。

西岡壱誠（以下、西岡）　じゅそうけんさんとは同い年ですね！　お話しするのを楽しみにしておりました！

じゅそうけん　いまの受験を語り合う最高のお二人にお越しいただけたこと、あらためて感謝申し上げます。どうぞよろしくお願いいたします！

東大で出会った天才たちのリアル

西岡　宇佐美さんは、東大に入って「マジでこいつには勝てねえな」「こいつマジどうなってんの」みたいな「天才」と出会いましたか？

宇佐美　何人かいましたね。一人記憶に残っているのは、いまアメリカの大学で統計の教授をやっておられる方です。文科一類から東大に入られたのですが、めちゃくちゃに数学ができた。学部在籍中にして、すでに博士課程の人と同じくらいのレベルに達していたらしい。「金融とかやったらすごく稼げるんじゃない？」と尋ねたら、「そういうことじゃないんだよな、興味ないんだ」みたいな反応だったのが記憶に残っています。
あと、私たちの世代で有名な天才といえば、やっぱり長尾《ながお》健太郎《けんたろう》さんですよ。

じゅそうけん　僕もこの本で取り上げています。数学者であり、平成を代表する受験天才でもある方です。

宇佐美　長尾健太郎さんは、小学校の時から凄かった。僕の一学年下だったのですが、小5の時に小6の模試で一番を取っていたような感じでしたよ。もう初めの段階から格が違いました。そして私が一浪したので長尾さんと同学年になり、大学でも何回かお話ししたのですが、ごく普通の青年だった。本当に優秀な「できるやつ」というのは振る舞いが自然です。

じゅそうけん　確かに「天才＝奇人変人」のイメージありますけど、意外と話してみると普通なものですか。

宇佐美　そう、ほんとうにできるひとは、奇人変人ぶりを自己演出する必要がないんだろう。だけど、ゼミの発表とかになると、ひとりだけ全然次元が違うぞ、となるのが天才たち。レベルが高すぎて、もう話している内容がわからない。西岡さんの周りにもいましたか？

西岡　色々な方がいましたが、天才タイプのひとは「自分の興味があること」への熱量がすごいですよね。何の評価にもならないような課題でも、分厚いレポート出してくるような感じ。

宇佐美　そう、特に「文科三類のできるやつ」には面白い人が多かった。普段は学校にもあんまり来ないようなほぼ世捨て人のような生活をしてるのに、たとえば「映画論」とかになった瞬間に凄まじい映画評を書いてくるみたいなね。もうほんとに好きで好きでたまんないんだろうなというのが伝わってくる。

あとは、自分の社会での居づらさを一つの大著論文に仕立てあげてくる、みたいなタイプもいる。凡人は「自分がこじらせてるだけだ」と諦めてしまうものですけど、それを社会問題にまで仕立てあげる強引なまでの力がある。

西岡　謎の馬力があるタイプですよね。

宇佐美　「俺が居づらいのは社会構造に問題があるからだ」みたいなことを、一人で家で論文として書いちゃうんだからすごいですよ。文科二類であれば、ゲーム理論とか駆使して「結局は愛なんだ」「金は結局愛がなければまわらないってことを証明したいんだ」といって博士課程にいくぞと意気込んでるやつもいたな！

じゅそうけん　……すごいですね。

宇佐美　そういう天才たちは「自分のこだわりをこだわり抜いた結果、今ここにいますよ」っていうオーラを放っているんです。そして周囲も、社会的成功や金銭的満足よりも「勉強できるやつ」が本当は偉いんだよなと認めている。これは東大カルチャーの良い部分かもしれないですね。

西岡　そういう雰囲気の中に身を置いていると、自分はそれとは違う人間だなというか、俺、東大に居ていいのかなみたいなことで思い悩んだことはありますね。東大生が誰しも多少なりとも考えることかもしれませんが。

宇佐美　私もそういう雰囲気と馴染まないタイプでした。学生時代の一時期は、風呂なしアパートに住んで、東大構内のシャワーを使っていたんです。そこに集まってくるような学生と仲が良かった。東大では珍しい「盗みが発生する空間」で、自分も一回、バイト代が入った日に盗まれて、うわーと思った。自分は「受験天才」的なあり方に距離をおきたかったから、そういう空間で社会経験を拡げることが嫌ではなかった。若い頃の自分は特に、他の学生とすこし違うことをして、自己演出的に「おれはすげえぞ」と見せたかったのかもしれないですね。それくらい、東大に入れば誰しも「こいつには勝てねえな」という経験をするんじゃないでしょうか。

「予備校模試」という格式高いシンボル

じゅそうけん　さらに宇佐美さんにぜひお伺いしたかったのは官僚の世界における「受験天才」のリアルについてです。大蔵省（現・財務省）出身の片山《かたやま》さつきさんが、鳩山邦《はとやまくに》夫《お》さんに対して「私は全国模試1位でした」とマウントを取ったという学歴厨エピソードは有名ですよね。ほかにも、僕たちのまだ知らない「受験天才エピソード」や「学歴厨エピソード」が、霞が関に眠っているのではないでしょうか。

宇佐美　まさに「模試の成績」は語り継がれますね。「模試1位同士でナンバーワン・ツー争いをずっとやってる」みたいなこともありました。自分は予備校に行っていなかったからその手の情報に疎くて、大学入学時にも入省時にも事情に詳しくなかったのですが、「予備校勢」みたいな連中が「あれが模試上位の○○か」みたいなことを言い合っているのを目にしてきました。

じゅそうけん　「模試の成績」は、学歴好きが最もテンションが上がる話題の一つです。昭和の頃からずっと変わらない組織文化といわれます。

宇佐美　ヤンキーみたいなんですよ。「あれが関西の雄！」みたいに一目置き合っている。もちろん模試の成績だけじゃなく「学歴」が話題になることもありますよ。

じゅそうけん　国家公務員採用総合職試験（旧I種）の試験の順位よりも「模試」の点数

のほうが幅を利かせるんでしょうか。

宇佐美　はい、総合職試験よりも、明らかに「予備校模試の1番・2番」のほうが格式が高いんです。もちろんI種の試験で1番とか2番みたいな飛び抜けた成績の人は目立つし、財務省は採用試験の点数にもある程度こだわるかもしれませんが、それ以外の省庁はそこまでこだわらない。人事担当者にとっても、採用試験での点数は「横並びになったときにどちらを優先するか」くらいの限定された意味しか持たないですから、多くの人は「受かっているわけだから、とりあえずいいよね」くらいの感覚だと思います。それに比べれば、予備校模試の成績優秀者はずっと語り継がれるし、格式が高い。

じゅそうけん　そこまで格式が高いとは、驚きです。模試の順位表は、上位者だけの名前が開示されるから、特異な文化を生み出しやすい仕組みでしたよね。

西岡　ちなみに、いまは氏名が見られる模試の順位表はなくなっているんです。かつては1番から100番ぐらいまで名前が出る模試がありましたが。

宇佐美　なんと、なくなったんですか！　時代の流れに合わせてということですか。

西岡　はい、個人情報漏洩の観点からなくなったんですよ。でも僕の頃にはまだありましたし、名前が出てたひとは「伝説」とまではいかないまでも、やはり一目置かれていました。受験から半年ぐらい経った頃の大学一年生のクラスの中で、誰かが模試の順位表を持ち出してきて「あ、あいつの名前あるぞ！」みたいなことをやりはじめる。世の中、誰しも「数字」とか「順位」が大好きなんだなと内心すこし呆れました。

小学6年生ぐらいの時のSAPIX模試で名前が出てたやつがそのまま東大入っている、なんていうのもよく聞く話です。

じゅそうけん　SAPIX模試の1位から5位の方々が理科三類（東大の最難関）で「再会」したという話も聞いたことがあります。名前だけはお互い長年知り合っているのに、本当に出会うのは大学だというのが面白い。

宇佐美　ただ、優秀な人が揃いも揃って理科三類に入るということが、その人たちの人生にとってよいことなのかどうかはわかりません。達成感がもの凄いからか、入学後にスポイルされてしまう人も一定数いる。そして理科三類に行かなかった人のほうが、案外大成したりもする。

西岡　そこは大問題です。「理科三類」にはとてつもないブランド力がある。ですが、たとえば「海外の大学に行く」といった他の選択肢を見えにくくする側面もある。その人にとって一番よい選択肢は他にあるかもしれないにもかかわらずです。

宇佐美　同期を思い浮かべても、そういう印象はあります。小学校の時から優秀で、絶対理三に行くだろうと思っていた人がいるのですが、意外なことに慶應医学部に入りました。そして今『ネイチャー』に論文を掲載している。そういう方の人生を見る一方で、理三でスポイルされた人たちも沢山見てきました。合格で燃え尽きるのを見るのはつらいことです。

じゅそうけん　灘《なだ》高校などには「とりあえず理科三類」みたいな流れさえもがあるそうで

すね。しかしせっかく優秀な若い方々であればこそ、視野を広く保っていただくのが大事だと感じさせられます。

東大生の官僚離れの何が問題か？

じゅそうけん　「東大文一」から「霞が関」というルートもかつては鉄板でした。「東大至上主義」が官庁の中にあったともいわれます。しかし近年は「東大生の官僚離れ」がしきりに言われて、時折ニュースでも取り上げられていますよね。

宇佐美　かつて東大の学生が官庁を目指したのは、官僚をやっている先輩が多かったからに過ぎないと思います。先輩と後輩の関係を通じて、東大生たちは官庁がどういう職場かを聞けたから、官庁への心理的距離感も近かった。

そして「官僚離れ」のような現象は、昔からしばしばメディアで言われてきましたが、最近取り沙汰されている「東大生の官僚離れ」は、かつてのそれとは質的な違いがあると思います。おそらくの展望ですが、最近の「官僚離れ」では本当に人材確保が困難になってきているし、今後さらに厳しくなっていく。

じゅそうけん　宇佐美さんは何が「東大生の官僚離れ」の要因だと思われますか？

宇佐美　根本にある構造的な要因からいうと「東大文一の定員削減」が大きかったと思う。削減自体は大分前になされたことです。だけど200人近くが削減されている。これが大きく響いているのではないでしょうか。

じゅそうけん　東大文一の前期試験の募集人員は「590名（1996年）」だったのが、緩やかに削減されて、2008年から現在までは「401名」となっています。

西岡　楽観的な捉え方をする向きもあると思うんです。官庁に人気がなくなっても、それでも官僚を志望する東大生には「気骨のある人」が多いのでは、と。昔もそうだったかもしれませんが、さらに少数精鋭として「志」があるちゃんとした人間が東大から官僚になっているとすれば、それは良いことなのだという考え方ですよね。どう思われますか？

宇佐美　ところが、政治主導がかなり進んだ結果、極端な言い方をすれば「官僚は政治家の言うことならば黒も白と言わなきゃいけない」みたいな空気に変わりつつある。無論、政治家や官邸と仲が良い官僚のもとには、面白い仕事が回ってくるし、それなりに権力も得られる。けれど、そこから外れてしまった官僚には、政治家に近い官僚に従わされる仕事ばかりが回ってくる。そこにあまりにも大きな差が出てしまった。組織は「志がある人」ばかりでなく、「志がない人」や「斜に構えた奴」がいるというのが大事なのだと思うのですが、「志がある人」にとっても「斜に構えた奴」にとっても居づらい職場になってきている。

じゅそうけん　そして、官僚養成学校としての東大文一だからこそ、それを古くからひっそりと支えてきた「先輩と後輩の関係」を通じて「綻び」が波及していくというわけですね。

西岡　正直にいえば、官僚になった先輩に話を聞いてみて「官僚なんていいことないよ」という評判を耳にする頻度は少なくないように思います。私自身が東大で受けた肌感覚としてもよく分かります。そして、東大生の就職先は、たとえば外資へとシフトしていっています。具体的には外資コンサルや外銀。実は私の会社の「カルペ・ディエム」でも東大生を対象に調査したことがあるんです。「将来なりたい職業」は「外資20、決まっていない18、官僚15」。「就職の際に重視していること」は「やりがい32、働き方23、大きなことができるかどうか20、年収20」。

宇佐美　西岡さんのデータにみえるような「外資」に行った人たちが、30代くらいになって心変わりする可能性はある。「真面目に勉強すればこの国を動かせるんだ、そういう風に世の中はできているんだ」と心に深く刷り込まれているから、30代半ばから後半ぐらいになって、なんとなく「お国のために」モードに変わるようなケースも目にはします。しかしそういった人たちだけで、「もうこのシステムではやっていけない」と思って辞めてしまった人の欠員を埋められるか。もはや法律の条文を書く、税率をいじる。そ

うい
った「官僚にしかできない仕事」への職能人気だけでは、必要最低限の法学的知識を備えた人材すらまかなえなくなるかもしれません。

じゅそうけん　私がSNSで観測したりしているアラサー世代の東大出身者だと、まだお金を稼いで「ウェイ!」という人が多い。だけど彼らはまだ20代後半。彼らもあと五、六年したらそう変わってくる可能性がある。それくらい官僚養成学校としての東大生のマインドは根底的で、根強い。しかし、その根強さがどこまで通用するのか。

東大生の官僚離れの結果、たとえば岡山大学《おかやまだいがく》出身者の割合などが中央官庁でも増えてきています。岡山大学は、官僚の出身大学ランキングで、すでに慶應より上位にいます。トップテンには以前からずっと入っている。東大ばかりが目立ちますが、実は昔から官僚を輩出する地方大学という伝統もある。その伝統の存在感が増してくるならば、東大生が官僚離れをしても、なんとかなるという面はありませんか?

宇佐美　岡山大学には元々官僚を出す風土がありますよね。岡山大学は、経済産業省の事務次官も輩出しています。無論、地方ならばまだ官僚ブランドが効くという事情はあります。とはいえ「官僚」ももはや「普通の進路」の一つになりつつあり、総合職（旧Ⅰ種）と一般職（旧Ⅱ種）の温度感の違いも薄らいできているのではないでしょうか。

じゅそうけん　かつては、官僚としてのやるべきことを果たしてしまって、政治家を目指す人も多かったと思います。ゆえに「東大かつ官僚出身の学歴厨政治家」という方々の面白い「受験天才」エピソードも色々生まれたのだと思うのです。しかし最近は、官僚のような優秀な人たちが政治を目指すような仕組みにはなっていないのでしょうか？

宇佐美　東大出身者や官僚出身者が、政治家になりにくくなっていると思う。「受験でトップに入り、官僚としてある程度出世したあと、どこかの地方に出向などして自分との縁を作り、地方で政治家をやってから国会議員を目指す」という、かつて数多くの政治家を輩出したリスクの比較的少なかったルートが、いまは機能しなくなってきている。

じゅそうけん　最近、鳩山邦夫さんみたいなイメージの「東大卒の受験天才政治家」みたいな方がいないことが気がかりでした。愉快な「学歴厨」タイプの受験天才政治家が減っていることはとても残念。宇佐美さんの世代までは、ぎりぎり「安全に政界入りするルート」が機能していましたか？

宇佐美　私が経産省にいたときにすでに政治家になっていた人たちの世代であれば、まだこのルートの恩恵にあずかっていたと思う。

変化があったのはその後ですね。いままさに私たちの世代の現役官僚たちは「政治家を目指すならそろそろ」という頃合いを迎えている。けれども、さっき述べたような「ルート」が機能していない。「お国のために」モードに切り替わった人たちが政治家を目指すとしても、出世は確約されていない。東大的な頭脳を政治に活かせる仕組みにはなっていないんです。

じゅそうけん　学歴研究家としては、やはり官僚や政治家のおもしろ学歴厨エピソードや凄まじい受験天才エピソードに、これからも胸を躍らせていきたいものです。しかし徐々に学歴や受験というものが、国家運営の仕組みから剝がれ落ちてきている。なぜ受験というものに情熱を傾けるのか、明治以来のシステムに限界の時期がやってきているようにも思います。

「親の経験が子に反映する仕組み」としての受験

じゅそうけん　それでは、これからの日本はどうなっていくかというと、少子化が間違いなく進んでいくでしょう。現在の大学進学率は約6割で、大学生が一年に65万人ぐらい生まれている。だけど今、1年に生まれてくる人口は70万人ぐらいで、大学進学率が変わらなければ、20年後の大学生は一年当たり約42万人、つまり大学生が20万人ぐらい減るという計算です。「高学歴」といわれる基準も変わってくるはず。すでに大学受験競争は、全体的にかなり緩やかになってきています。

にもかかわらず、中学受験などが異常に過熱しているんです。たとえばＭＡＲＣＨの付属中学などはおそろしく難化している。その一方で、大学受験のＭＡＲＣＨはおよそ倍率3倍にすぎません。小学校受験へも波及していくと思われます。

西岡　まさにその通りです。少子化を背景に塾にかけるお金が減っているとも言われますけれど、学習塾の業界的実感としてはそこまでではない。じゅそうけんさんのおっしゃるとおり、中学受験でむしろ増えているのには驚かされます。たとえば、2人の子供がいたときに、かつて2人に50万円ずつかけていたのが、いまでは100万円ずつになっている感覚なのです。少子化で受験全体は緩やかになってもおかしくないにもかかわらず。

じゅそうけん　はい、教育費は少しずつ上がっています。宇佐美さんはどう見ますか。

宇佐美　少子化と中学受験の過熱のそのギャップは、本当に何故なのかと思わされるポイントですね。自分も親世代だから考えさせられる。

ひとつには、親の人生経験の反映というのがあると思う。受験競争を煽るのは、やはり親。親の経験が子への教育にも反映されやすい。そして、まさに俺のようないわゆる「就職氷河期世代」が、いま親になっている。だから、中学受験が過熱しているんじゃないでしょうか。

じゅそうけん　今現在、ちょうど40代前半くらいのかつて熾烈な就職競争に直面した方々が親として受験に関わってきている。

宇佐美　氷河期世代の就職競争はほんとにきつかった。だから自分の子供にはそんな苦労をさせたくない、子どもにはめちゃくちゃ勉強させないといけないのだと、ごく自然に思うわけなんです。私自身もその世代に当たっています。ところが、本当に今この時代に、勉強や受験が大切かといえば、そうではなくなってきている。就職氷河期時代とは明らかに異なる「人手不足の時代」ですから、たとえばホワイトカラーよりはるかに稼げるブルーカラー職種が増えてきている。たった一世代ですが、20年違えば、それだけ受験の認識と社会の認識はずれてしまう。これからさらに20年経てば、また現在とは状況が全く変わる。そして社会構造的な状況が変わっても認識までもが変わるのには文化的なタイムラグが生じるものです。

西岡　就職氷河期世代の親の体験が、現在の受験の過熱に関わっている。少子化にもかかわらず、なぜ中学受験ばかりがそんなに過熱するのかということの一つの謎解きですね。そして受験産業がいかに親を主体に形成されているのか、つねづね考えさせられるところですよ。

じゅそうけん 保護者の方々の、社会に対する解像度の低さが悲劇を生んでいる可能性はありますね。

宇佐美 人手不足の業界に合わせた能力を身につければ人生が楽なのに、親の視界に入りやすいところに集中するから競争が激しくなってしまう。とくにお母さんの影響力は大きかったでしょう。建築業界やかつて「3K」と呼ばれていたような業界は深刻な人手不足に見舞われていますが、お母さんたちの視界には入りにくかった。これからいわゆる「パワーカップル」の共働き家庭がさらに増えていくかもしれませんが、その二人の周りに建築業界などの世界がなければ同じことになります。

結果的に、人手不足の世界では、海外からやってきた労働者を使いこなせる人、あるいは無理に使う人が評価されるような酷い仕組みにさえなっている。つまり社会の求める人材を育てる教育システムになっていないし、社会のニーズと受験競争とがマッチしてもいない。

受験の何が本当に「ディストピア」なのか？

じゅそうけん　現在の受験の過熱傾向が、一体いつまで続くのか。親世代の経験を反映した過熱だとすれば、いずれは過熱もクールダウンするかもしれないということになります。

宇佐美　ええ、長期的にみれば、子供に無理な受験をさせなくてもいいという傾向になるかもしれない。氷河期世代と比べて相対的に「自分自身がそこまで無理しなくても生きてこれた」という感覚の人が増えていくとすれば、ですよ。

しかし、時間はかかるでしょうね。高学歴層が一層晩婚化し、高学歴でない人の方が子供を多く産むという社会構造になっていくとすれば、高学歴でない人たちの意見や感覚がメインストリームを形成するようにダイナミックな社会の変化が起こっていくのではないかと思うのですが、まだまだ時間がかかるでしょう。
人材市場と両親の社会認識のギャップが大きくなれば、「教育虐待」みたいなケースも増えていく。

じゅそうけん　「教育虐待」は本当に重大な問題。受験の「闇」の部分です。

西岡　「カルペ・ディエム」でも、教育虐待的な状況を抱えたまま東大に入学し、なんとかそこから逃れて、さらには教育虐待のある世の中を変えるために発信しようとしている人がいます。

宇佐美　私の周りでも、勉強で殴られて育ったという人はいました。そして、私の周りで見たケースでいえば、在日の出身の東大生に多かったというのが印象に残っています。親が置かれた環境が厳しかったんだと思う。親御さんの中に「ここで逆転するんだ」という意識が強くあったはず。つまり親御さんが社会でめちゃくちゃしんどい思いをしたんだろう。そういうことが間接的に感じられました。
親が子に逆転を託す。たしかにペーパーテストは逆転の舞台にはなりうる。しかしそれは常に「一世代遅れ」で社会の結果が子どもに反映されるということ。

じゅそうけん　たしかに受験には教育虐待や燃え尽き症候群のような「闇」としかいいようのない側面が沢山あります。しかし「受験天才」のような輝かしい人々が生まれるのもペーパーテストがあってこそ。そこに人間的な興味を惹かれつつも、私自身はフラットかつ客観的な目線で仕組みとデータとしての受験を追いかけてきました。お二人に伺ってみたいのは、「受験は善か悪か」ということ。粗削りな質問ですが、あえてお聞きします。

西岡　「必要悪」としか言い様がないですね。今日の鼎談でもこれだけ受験の「闇」の部分にも触れてきましたし、「闇」にあたる部分を何とかしようという想いで受験産業にコミットしてもいます。しかし「ならば受験競争をやめればそれでいい」という話にはならないのです。今、私はインドの教育事情を調べていて、近々何らかの形で報告をまとめようと思っているのですが、インドの経済成長の背後には猛烈な受験競争があります。

じゅそうけん　私もアジアの受験競争については大変興味をそそられます。東南アジアについては自分でも調査に赴いたりしていますが、相当面白いことになっていますよね。

西岡　ええ、特にインドはすごいですよ。ひとことで言えば「有史以来、もっとも苛酷な受験戦争が起きている」。

まず、人口に対して入学枠が非常に少ない。日本の東大にあたる大学であるIIT（インド工科大学）には、100万人以上が受験し、約2万～3万人が合格します。つまり倍率は約50倍です。東大が約3倍であることを考えると、単純にいえば、日本の15倍以上の競争が行われています。

人口だけでいえば中国の受験競争もすごいだろうと思われるかもしれませんが、インドの場合はカースト制度がありますから、身分制度からの一発逆転を受験に託す熱量でいってもインドは世界一の激しさだといえると思います。

じゅそうけん　あまりにも興味深いです。

西岡　インド特有の予備校システムなど、語りはじめればキリがありません。ここでは話が逸れてしまうので詳細な報告は別の機会を待とうと思いますが、ひとつ言えるのは「あれほどの受験戦争を頑張っている国と、日本は渡り合っていけるのか」ということ。
どんなに「闇」といわれるような問題が生じているとしても、受験競争には非認知能力も含めた能力開発の側面があります。そして国全体を豊かにする仕組みでもあり、受験で成功すれば一発逆転の立身出世ができて幸せになれるんだと、少なくともインドの人たちはまだまだポジティブに信じている。日本の受験競争は、宇佐美さんのお話にもあったように、徐々に落ち着いていくと思われますが、それで本当にいいのかということを問いかけたいです。時代錯誤だと言われようと、私は『ドラゴン桜』の価値観にコミットし続けていかねばならないと、インドの現状を知ってなおさら思いが強まったのです。

じゅそうけん　宇佐美さんは「受験は善か悪か」と尋ねられたらどのように考えますか？

宇佐美　前提的なことからいえば、日本の受験は、アメリカでいう「飛び級」と等価なもので、受験で振り分けすることで学級を機能しやすくする仕組みです。受験があるから授業が回りやすくなっている面があるでしょう。

それに学歴とは「シンボル」です。はじめて出会った人同士では、お互いがどれくらい頭が良いか分からない。だから学校名で人を見る、肩書きで人を見る。私自身も『肩書きを捨てたら地獄だった』っていう本を書いたくらいですから、痛いほどそのリアルを体験してきました。

そのうえで、受験自体が善か悪かということについていえば、もっと深層的なことを問いかけたいです。本当にディストピアなのは、受験という表層よりも根っこの部分で、その人の出来ることややりたいこと、つまり意欲や能力にふさわしい肩書きにまで、誰しも容易にたどり着けないまま、みんな幸せにはなっていないということ。能力のあるひとが良いところに行く。別にそれはいいことだけど「それでもさ」という部分があるではないですか。

つまり、みんながみんな、人生にはどうあっても地獄が待ってる、ということから考えないといけないんです。いい学歴だったらいい人生になるわけでもなく、みんながそれぞれ自分の能力に見合った生き方を探すしかない。

その人にとって「シンボル」としての高学歴を取った方が生きやすいならば、それはそれです。しかし無理をしてまでいい大学に行ったら、人生でやり残すことが必ず生まれる。あとになって、「あのときやっておけばよかった」と思うくらいなら「あの時、やっておいてよかったな」と思えることや「その時にしかできないこと」の方が大事だと思うんですよ。人手不足の時代だからこそ、そんなに受験で無理をしなくても生きていけるはず。

自分の能力や、見てほしい自分をアピールするために必要最小限の学歴を取るっていう考え方に社会を変えていかなきゃいけないだろうと思います。

おわりに

長々と読んでいただきありがとうございました。

普段日の目の当たらない受験天才たちがいかに偉大であるのか、少しでも読者のみなさんに伝わっていれば幸いです。

最後に、私が本書で取り上げてきた「受験天才」に惹かれるようになった理由、そもそも受験という世界に魅了されている理由について、簡単にお話ししていきたいと思います。「じゅそうけん」として活動を開始して早5年目になりますが、こういった話をするのはこの場が初めてかもしれません。

私は自身の大学受験を経験して以来、受験を「日本一競技人口の多いトーナメント戦」といった捉え方をするようになりました。同世代の半数以上（数にすると50万人以上（！））

が全く同じタイミングで一斉に同じ問題を解いているなんて、冷静に考えるととてもすごいことではないでしょうか。

国民的スポーツと言われる野球の競技人口（小中高で経験した人の割合）が同世代のせいぜい5~10%、最も多い習い事である水泳の経験率は同世代の約30%となっていますが、「受験」という競技においては同世代のほぼ100%がどこかしらのタイミングで経験することになるのです（!）。高校受験に至っては同世代の8割以上、大学受験も5割以上が経験する超ビッグフィールドです。

もちろん、全員が全員本気で臨んでいるわけではないとは思いますが、これほど大きなバトル市場は他にないでしょう。

こうした「知のトーナメント戦」の覇者、とてつもない数のプレーヤーが参戦するビッグフィールドでトップを取ってしまうような「受験天才」が私の眼には大変魅力的に映ってしまうというわけです（むしろ日の目が当たらなすぎてもどかしい思いです）。

あまり理解されないかもしれませんが、こういった理由から私は受験天才を尊敬、崇拝しているというわけです。
「受験」という最高にエキサイティングなゲーム観戦に取り憑かれた風変わりな青年が、これからも懲りずに渾身の受験情報を発信していきますので、今後もお付き合いいただけたら幸いです。

さて、受験の研究に戻らないと……。

受験天才列伝《じゅけんてんさいれつでん》——日本《にほん》の受験《じゅけん》はどこから来《き》てどこへ行《い》くのか

二〇二四年一二月一六日 第一刷発行

著者 じゅそうけん

発行者 太田克史《おおたかつし》
編集担当 前田和宏《まえだかずひろ》
発行所 株式会社星海社
〒一一二-〇〇一三
東京都文京区音羽一-一七-一四 音羽YKビル四階
電話 〇三-六九〇二-一七三〇
FAX 〇三-六九〇二-一七三一
https://www.seikaisha.co.jp
発売元 株式会社講談社
〒一一二-八〇〇一
東京都文京区音羽二-一二-二一
(販売)〇三-五三九五-五八一七
(業務)〇三-五三九五-三六一五
印刷所 TOPPAN株式会社
製本所 株式会社国宝社

アートディレクター 吉岡秀典《よしおかひでのり》(セプテンバーカウボーイ)
デザイナー 五十嵐《いがらし》ユミ
フォントディレクター 紺野慎一《こんのしんいち》
図版 ジェオ
校閲 鷗来堂《おうらいどう》

ISBN978-4-06-536030-9
Printed in Japan

322
SEIKAISHA SHINSHO

1

武器としての決断思考

瀧本哲史

東大×京大×マッキンゼー式「意思決定の授業」

本書は、私がいま、京都大学で二十歳前後の学生に教えている「意思決定の授業」を一冊に凝縮したものです。今後、カオスの時代を生きていく若い世代にいちばん必要なのは、意思決定の方法を学ぶことであり、決断力を身につけることです。

もう過去のやり方は通用しないし、人生のレールみたいなものもなくなってしまいました。「答え」は誰も教えてはくれません。となれば、自分の人生は、自分で考えて、自分で決めていくしかないのです。

仕事をどうするか、家庭をどうするか、人生をどうするか？　この本で私と一緒に「自分で答えを出すための思考法」を学んでいきましょう。きっと、あなたの人生を変える授業になるはずです。

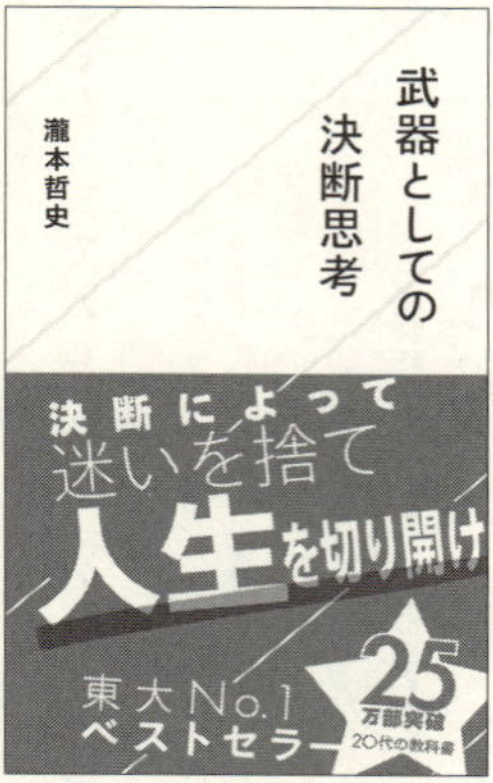

19

武器としての交渉思考

瀧本哲史

交渉は、若者が世の中を動かすための必須スキル

本書は、私がいま、京都大学で二十歳前後の学生に教えている「交渉の授業」を一冊に凝縮したものです。いくら自分の力で決断できるようになっても、いくら高い能力や志を持っていても、世の中を動かすためには自分一人の力ではとても足りません。共に戦う「仲間」を探し出し、連携して、大きな流れを生み出していかなければならない。そこで必要となるのが、相手と自分、お互いの利害を分析し、調整することで合意を目指す交渉の考え方です。交渉とは、単なるビジネススキルではありません。ときには敵対する相手とも手を組み、共通の目的のために具体的なアクションを起こしていく——そのための思考法なのです。さあ、「交渉思考」を手に、この閉塞した日本の状況を一緒に変えていきましょう。

122

バカロレア幸福論

フランスの高校生に学ぶ 哲学的思考のレッスン

坂本尚志

哲学は、世界を生き抜くための武器である

フランス人は、幸福についてのさまざまな哲学的な立場や議論を学びます。そしてそれを哲学小論文（ディセルタシオン）という「思考の型」に当てはめて、自分なりに表現することを、高校時代に徹底的に練習しています。生きていく中で自分が遭遇した問題や困難をどのように理解すべきか、人生をどのように切り開いていくかを考えるための実践的な道具が哲学なのです。しかし、これはフランス人の専売特許ではありません。誰でも「思考の型」を身につけ、活用しながら、この世界を生き抜いていくことができるのです。われわれもまた、幸福に至る道を見つけるために、哲学すればいいのです。

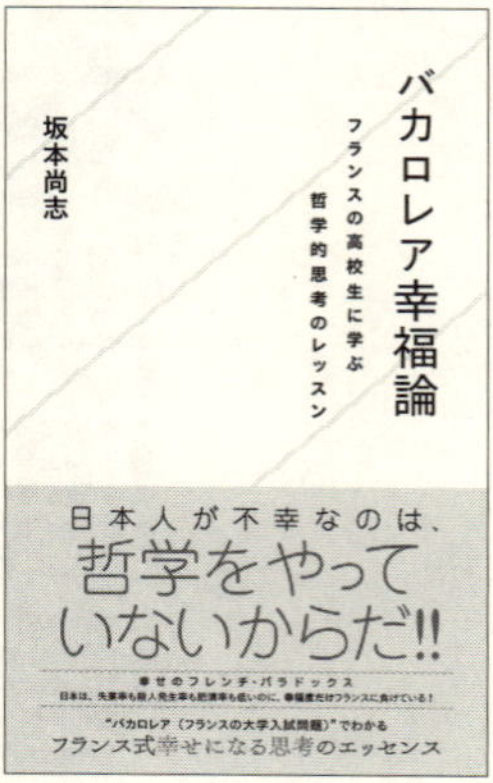

137

文系と理系はなぜ分かれたのか

隠岐さや香

永遠の「文系・理系」論争、ついに現れた基本書にして決定版!

「文系」と「理系」という学問上の区分けは、進路選択や就職など私たちの人生を大きく左右するのみならず、産業や国家のあり方とも密接に関わる枢要なものです。ところが現実には、印象論にすぎないレッテル貼りが横行し、議論の妨げになるばかり。そこで本書では、そもそも文系と理系というカテゴリーがいつどのようにして生まれたのか、西欧における近代諸学問の成立や、日本の近代化の過程にまで遡って確かめるところから始めます。その上で、受験や就活、ジェンダー、研究の学際化といったアクチュアルな問題に深く分け入っていくことを目論みます。さあ、本書から、文系・理系をめぐる議論を一段上へと進めましょう。

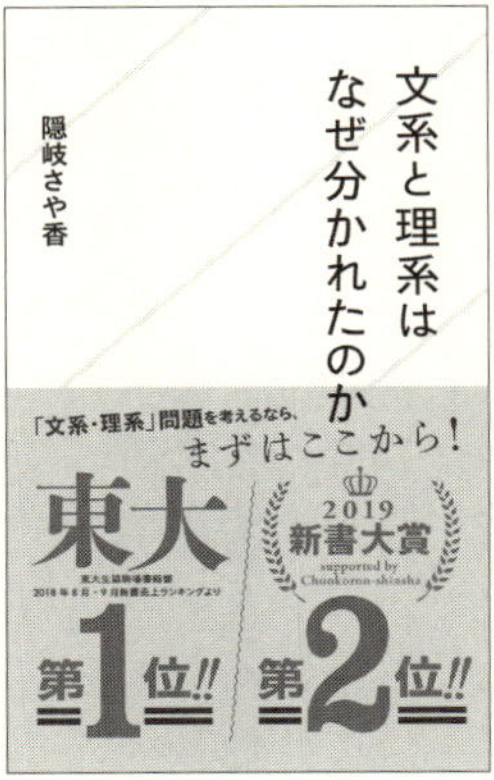

177

菅政権

東大話法とやってる感政治

宇佐美典也

菅政権の功と罪、その先の未来を徹底分析！

菅義偉氏の東大話法＝官僚的な答弁と、やってる感政治＝形だけの改革志向はどこから来て、日本をどこへ導くのか？　これは菅内閣の総辞職で終わる属人的な問題ではない。なぜなら彼のような政治家が生まれる歴史的・政治的な必然性が日本にあるからだ。

２０２０年９月に誕生した菅政権は、平成政治史の総決算というべき特質を持っている。それが「東大話法とやってる感政治」だ。小泉改革から続いてきた「何かを改革しなければいけない」という強迫観念と、国民に直接語りかけるパフォーマンス性。その当初の目的意識を見失い、形だけを受け継いだのが菅政権である。日本を左右するその本質と課題を気鋭の官僚出身論客が徹底分析。

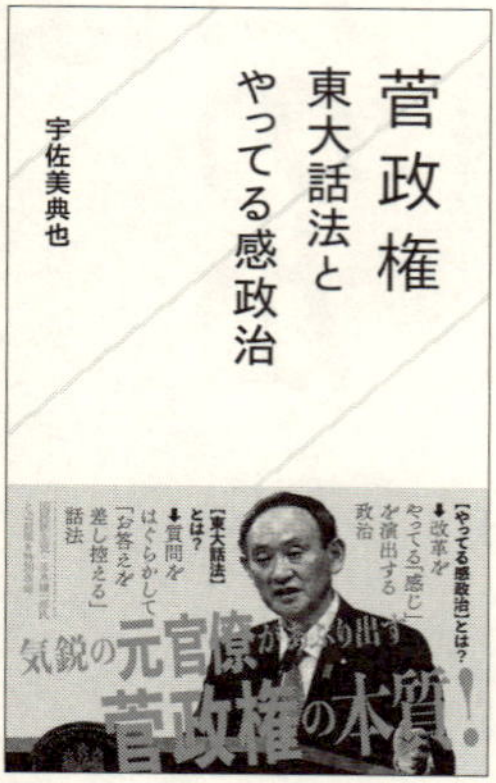

251

電力危機

私たちはいつまで高い電気代を払い続けるのか?

宇佐美典也

現在の電力危機と電力の未来を、百年超の電力産業史と最新のデータで徹底解明!

現在、日本の電力事情は危機的状況にある。エネルギー不足を受けて電気代はかつてなく高騰し、電力不足を告げる警報も一度ならず発出されている。日本経済の未来に大きな影響を及ぼしかねないこの惨状は、２０１１年の東日本大震災以降、具体的なビジョンなきままに進められた日本の電力改革が行き着いた必然の結果である。本書では、１世紀以上にわたり発展してきた電力産業の現在までの歩みを概観し、日本が今後直面する危機の実情を明らかにするとともに、エネルギー業界の第一線でコンサルティングを行う著者が実地で練り上げた、今こそ日本が取るべきエネルギー戦略を提案する。

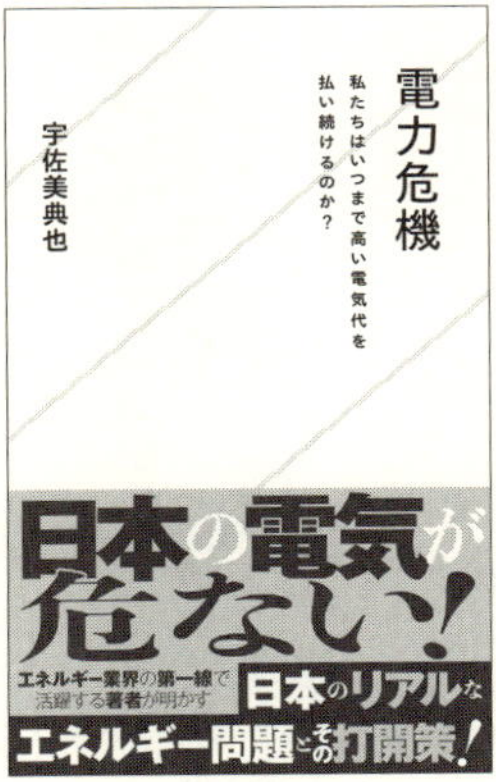

254

東大生が教える 13歳からの学部選び

東大カルペ・ディエム

監修 西岡壱誠

リアルな大学の学びを総勢33人の現役東大生たちがお伝えします！

大学受験のために目指す学部を決めないといけない、でも学部の違いはよく分からない――こんな悩みを持つ中学生・高校生のみなさんは多いのではないでしょうか。現在、入試に際してますます具体的な志望理由が求められるようになる一方、大学でのリアルな学びについての情報発信はまだまだ足りません。そこで、あなたが好きなこと、やりたいことに基づいて、将来につながる進学をするための学部選びの教科書を作りました。この本では、総勢33人の現役東大生たちがそれぞれの学部で学んだことを分かりやすくレポートしています。本書をヒントに、ぜひ理想の大学進学を成功させてください！

286

東大合格はいくらで買えるか？

布施川天馬

東大合格のための「正しい」教育プランを東大生が徹底調査

「子供の教育にどれくらいのお金を使えば、東大に合格できるのか？」東大生ライターである著者が、東大生１００人への独自アンケートをもとに、この問いを徹底的に考えた結論がこの本です。その結果見えてきたのは「１３８０万円をかけて中学受験からしっかり準備すれば、地頭のよさにかかわらず誰でも50％以上の確率で東大に合格できる」という事実です。本書では、確実に東大合格するための正しい受験プランを提案するとともに、「東大受験を投資として見たときのコストパフォーマンス」「東大に合格した人たちは幸せになっているのか」といった、東大受験のリアルな情報をくまなくお伝えします。

288

高学歴のトリセツ

褒め方・伸ばし方・正しい使い方

西岡壱誠

高学歴を活躍させるのに必要な「正しい知識」教えます

「この人、勉強はできるけど仕事はダメだな」——仕事でこんな思いをしたこと、誰でも一度はあるのはないでしょうか。しかし、高学歴人材の多くは決して無能ではありません。正しい知識を持ってうまく使えば、彼らはまさに一騎当千の働きをしてくれるのです。本書では、東大ベンチャー企業の社長として多くの東大生と日々仕事を共にしている著者が、自らの経験をもとに高学歴人材の正しい使い方を解説します。「適当にやっといて」が通じず、どうでもいいことにさえ厳密な定義を求めてしまうなど、優秀だからこそ生じてしまうトラブルを予防し、自分より優秀な人材を使いこなす知識と技術を身につけてください。

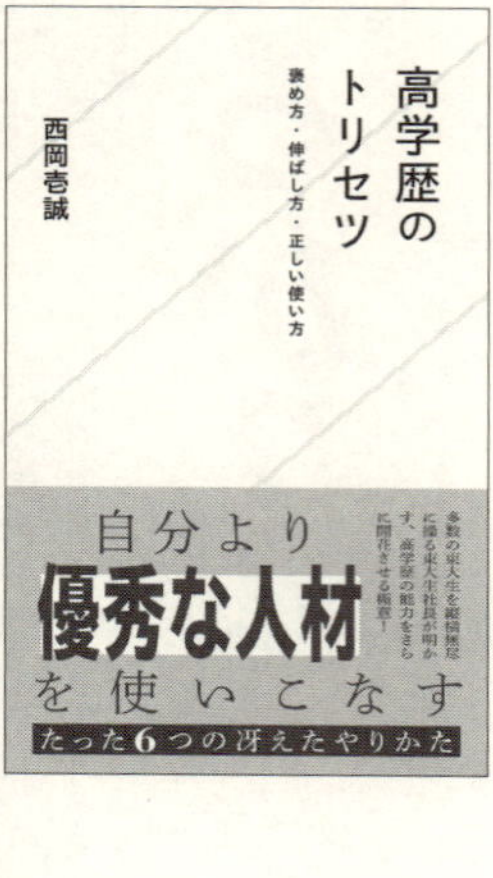

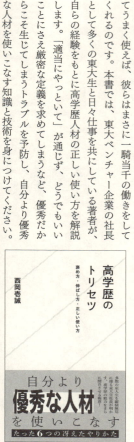

303

夢も金もない高校生が知ると得する進路ガイド

石渡嶺司

「夢、ありません」でも問題ナシ！

高校生の進路選びの悩みは尽きません。やりたいことと言われても、好きなものもあまりないし、趣味も特にない。なんとなくで進学しても学費の無駄かもしれない。はたまた、将来の夢はあるけれど、実現するためにはどうしたらいいかわからない。お金がないけれど奨学金が返済できるか不安……。本書では、大学ジャーナリストとして22年、日本全国の大学を取材し、進路選び、就職活動を知り尽くした著者が、大学進学から高卒就職まで、「損しないための」進路選びを徹底解説いたします。夢がない、お金がない、どうしていいかわからない、そんな人のための進路選び最新ガイドがここに！

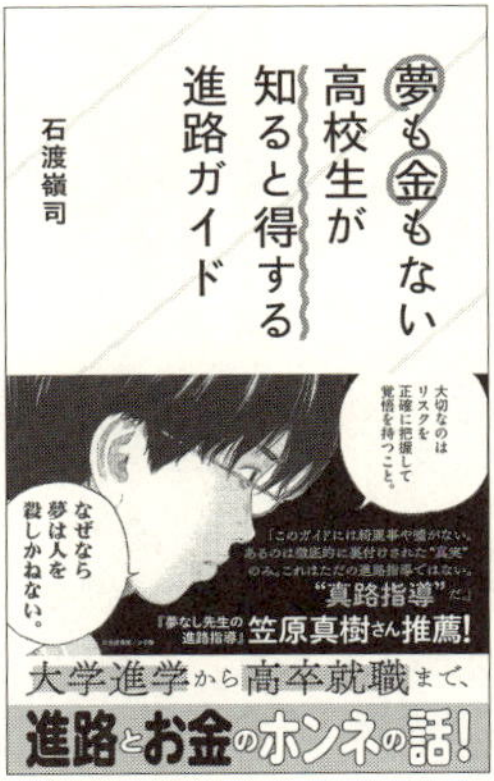

次世代による次世代のための

武器としての教養
星海社新書

星海社新書は、困難な時代にあっても前向きに自分の人生を切り開いていこうとする次世代の人間に向けて、ここに創刊いたします。本の力を思いきり信じて、みなさんと一緒に新しい時代の新しい価値観を創っていきたい。若い力で、世界を変えていきたいのです。

本には、その力があります。読者であるあなたが、そこから何かを読み取り、それを自らの血肉にすることができれば、一冊の本の存在によって、あなたの人生は一瞬にして変わってしまうでしょう。思考が変われば行動が変わり、行動が変われば生き方が変わります。著者をはじめ、本作りに関わる多くの人の想いがそのまま形となった、文化的遺伝子としての本には、大げさではなく、それだけの力が宿っていると思うのです。

沈下していく地盤の上で、他のみんなと一緒に身動きが取れないまま、大きな穴へと落ちていくのか？　それとも、重力に逆らって立ち上がり、前を向いて最前線で戦っていくことを選ぶのか？

星海社新書の目的は、戦うことを選んだ次世代の仲間たちに「武器としての教養」をくばることです。知的好奇心を満たすだけでなく、自らの力で未来を切り開いていくための〝武器〟としても使える知のかたちを、シリーズとしてまとめていきたいと思います。

2011年9月

星海社新書初代編集長　柿内芳文

SEIKAISHA
SHINSHO